Ama *o* Muere

Cristo llama a la iglesia a despertar del sueño espiritual

Apocalipsis 2:4

Alexander Strauch

Ama o Muere

Originalmente publicado en inglés bajo el título "LOVE OR DIE, Copyright © 2008 por Alexander Strauch.

Copyright © 2013 de la edición en español por Alexander Strauch.

Traducido al español por Jael Saurenian
Editado por Lucy Dillon

Las citas bíblicas, excepto cuando se indique lo contrario, son de la Versión Reina Valera 1960.

La edición en español es publicada y distribuida por Editorial DIME (Distribuidora Internacional de Materiales Evangélicos), P. O. Box 490, Cupertino, CA 95015, Estados Unidos, e-mail: libros@dime.org www.EditorialDime.com

Para materiales en inglés de Alexander Strauch, por favor diríjase a Lewis and Roth Publishers, P. O. Box 469, Littleton, CO 80160, Estados Unidos, teléfono 800.477.3239 o visite la página www.lewisandroth.org

---

Para mayor información sobre los libros en español de Alexander Strauch, puede llamar al 408.253.9096, enviar un e-mail a libros@dime.org o visitar nuestra página www.EditorialDime.com

INDICE

Introducción 5

Parte 1

El problema del amor perdido: Apocalipsis 2:4 9
   1. El elogio de Cristo y su reclamo 13
   2. Cuando una iglesia pierde el amor 17
   3. El remedio de Cristo 29

Parte 2

Cómo cultivar el amor: Hebreos 10:24 37
   1. Estudie el amor 39
   2. Ore por amor 47
   3. Enseñe el amor 59
   4. Modele el amor 73
   5. Proteja el amor 83
   6. Practique el amor 95

Parte 3

Guía de estudio
   Lección 1 105
   Lección 2 111
   Lección 3 115
   Lección 4 119
   Lección 5 121

Apéndice A 125
   Otros libros sobre el tema del amor de
   Alexander Strauch

Apéndice B 127
   50 versículos bíblicos sobre el amor

Índice de pasajes bíblicos citados 133

Apéndice de palabras griegas 139

Acerca del autor

Alexander Strauch ha servido como maestro y anciano pastor por más de treinta años en Littleton Bible Chapel en Littleton, Colorado. El y su esposa Marilyn tienen cuatro hijos y diez nietos.

La Editorial DIME ha publicado en español los siguientes libros de Alexander Strauch:

Liderazgo Bíblico de Ancianos. Un urgente llamado para restaurar el liderazgo bíblico en las iglesias.
— **Guía de estudio** para Liderazgo Bíblico de Ancianos.
— **Guía del mentor** para Liderazgo Bíblico de Ancianos.
— **Edición condensada** de Liderazgo Bíblico de Ancianos.
— **Guía Interactiva** de Liderazgo Bíblico de Ancianos.

El diácono del Nuevo Testamento. La vital importancia de su función de acuerdo a los principios bíblicos.
— **Guía de estudio** para El diácono del Nuevo Testamento.

Liderando con Amor. Las características bíblicas de cómo debe ser el carácter del líder cristiano.
— **Guía de estudio** para Liderando con amor.

Ama o muere. Un desafiante estudio de cómo cultivar el amor en la vida cristiana y en la iglesia local.

Si os mordéis y os coméis. El autor examina los pasajes bíblicos para solucionar los distintos tipos de conflictos personales, libertades en la vida cristiana y diferencias doctrinales.

Introducción

"Seguir el amor..."
1 Corintios 14:1

Mi primer encuentro con los principios bíblicos acerca del amor ocurrió en una forma negativa durante mis primeros años de cristiano. Me sorprendió ver a verdaderos creyentes peleando, teniendo malas actitudes y separándose unos de otros. Lo peor era que no discutían por temas teológicos elevados y eternos del evangelio, sino por preferencias personales y tradiciones de la iglesia. En mi caso, con mis pocos años de creyente, las peleas entre hermanos de más años y más espirituales que yo fue bastante desalentador.

En mi desilusión, comencé a buscar en el Nuevo Testamento respuestas acerca de lo que debería ser realmente importante en la iglesia local. ¿Cuáles son las actitudes y prioridades que los cristianos debemos tener? ¿Cómo deben los verdaderos creyentes estar en desacuerdo sin pelearse u ofenderse (Gálatas 5:15)? Lo que descubrí, entre otras cosas, fue lo que llamé en ese tiempo, la moral (o carácter como el de Cristo) de la iglesia.

La iglesia debe ser un grupo de hermanos que se caracterizan por su humildad, mansedumbre, paz, perdón, tolerancia, fe, esperanza y amor, que es la virtud más importante. *"Y sobre todas estas cosas"*, dice Pablo, *"re-*

vestíos de amor, que es el vínculo perfecto" (Colosenses 3:14).

En 1 Corintios 13, la Biblia describe una forma "más excelente" de pensar y de comportarnos. Dice que el conocimiento teológico más grande, los dones espirituales más extraordinarios y los servicios con más sacrificios son inútiles, y hasta hirientes, si no están motivados e impregnados por un espíritu de amor como el de Cristo. Como resultado de mi estudio bíblico, me di cuenta que el amor tiene prioridad en todo lo que hacemos y decimos.

El siguiente encuentro con el amor cristiano, que cambió mi vida, fue varios años después cuando un amigo me regaló la biografía de Robert Cleaver Chapman. Chapman fue conocido por vivir una vida de amor sin comprometer las verdades de las Escrituras y su vida de amor ha sido una inspiración y un desafío para muchos hijos de Dios. Aquella biografía confirmó en mi mente lo que ya había visto en mi estudio de la Biblia: el amor es esencial en todo lo que hacemos en nuestra vida cristiana y en nuestro ministerio.

Mi tercer encuentro inolvidable con el amor como el de Cristo fue mientras estudiaba el libro de Efesios y usaba los aclamados comentarios de D. Martyn Lloyd-Jones, un predicador de la iglesia Westminster en Londres. Mientras estudiaba Efesios 3:18-19, experimenté algo que también cambió mi vida cuando me di cuenta del amor de Cristo por mí. La oración de Pablo que dice que podemos conocer intelectualmente, personalmente y con nuestra experiencia el inmensurable amor de Cristo por nosotros tuvo un fuerte impacto en mi vida:

"Por esta causa doblo mis rodillas ante el Padre de nuestro Señor Jesucristo, de quien toma nombre toda familia en los cielos y en la tierra, para que os dé, con-

forme a las riquezas de su gloria, el ser fortalecidos con poder en el hombre interior por su Espíritu; para que habite Cristo por la fe en vuestros corazones, a fin de que, arraigados y cimentados en amor, seáis plenamente capaces de comprender con todos los santos cuál sea la anchura, la longitud, la profundidad y la altura, y de conocer el amor de Cristo, que excede a todo conocimiento, para que seáis llenos de toda la plenitud de Dios" (Efesios 3:14-19).

Como resultado de todos estos encuentros, comencé a tener en mi vida un gran interés sobre el tema del amor en la Biblia y comencé a escribir libros acerca del amor, **especialmente cuando se trata de desarrollar un liderazgo con amor y una comunidad de iglesia con amor.** (Ver la lista de otros libros acerca del amor en el apéndice A). Este emocionante interés continúa creciendo en mi vida, aunque tengo siempre un sentimiento de ineptitud cuando intento escribir acerca de amar como Cristo ama. A diferencia de escribir sobre cualquier otro tema bíblico, el escribir acerca del amor me muestra constantemente las fallas que tengo en amar a Dios y a mi prójimo como debería. Es un tema que nos hace sentir culpables y toca cada aspecto de nuestras vidas. Mi oración es que mis esfuerzos puedan despertar en otros la necesidad de ser marcados por el amor de Jesucristo, tanto personalmente como en nuestras iglesias locales.

Parte 1

El problema del amor perdido

Pero tengo contra ti, que has dejado tu primer amor.
Apocalipsis 2:4

A través de las imágenes satelitales y programas de software que pueden localizar casi cualquier dirección en el planeta, puedo ver el edificio de cualquier iglesia desde el estudio de mi casa. Si por ejemplo, quiero ver alguna iglesia en Sudáfrica, sólo tengo que abrir una aplicación de software y una imagen espectacular de nuestro planeta azul y verde que gira en el espacio aparece en mi pantalla. Escribo la palabra África en la computadora y el planeta gira y muestra el continente de África. Luego escribo Sudáfrica y hago zoom en el país de Sudáfrica. Luego escribo Baberton (ciudad del oeste de Swazilandia) y en segundos veo toda la ciudad. Finalmente, escribo la dirección de la iglesia, y en un momento, ya veo el techo de la iglesia que está a 9.800 millas (15.680 km) de mi casa.

Por más poderosa e increíble que sea la tecnología, no puedo ver adentro del edificio, sólo puedo ver el techo.

No puedo ver o escuchar a los cristianos que están allí adorando, ni puedo ver lo que hay dentro de los corazones y mentes de las personas que se juntan allí. Pero hay alguien que puede ver perfectamente el corazón del hombre y puede percibir el espíritu colectivo de la iglesia. No sólo puede ver el interior de cada iglesia y cada corazón, sino también puede pasearse por cualquier iglesia en la tierra, ¡sin que nadie lo detecte!, y lo hace sin los beneficios de nuestras pobres computadoras, cámaras o imágenes satelitales.

De hecho, Cristo se ha estado paseando por las iglesias durante casi dos mil años. Al finalizar el primer siglo, puso su atención específicamente en siete iglesias. No miró el techo de las iglesias, sino el espíritu colectivo de cada una de ellas y exploró la mente y el corazón de cada creyente. Luego, en Apocalipsis, el último libro de la Biblia escrito por Juan, Cristo revela su evaluación de cada una de estas siete iglesias.

Muchas veces nos preocupamos más por las estrategias del crecimiento de la iglesia o de las últimas tendencias, en lugar de preocuparnos por lo que Cristo piensa.

Imagine si Cristo viniese a ver su iglesia, caminara en medio suyo y diera la evaluación que tiene de usted. ¡Sería desconcertante y nos daría temor! Pero de alguna forma, Cristo ya ha hecho esto. A través de las cartas a las siete iglesias de Asia Menor (la actual Turquía), Él trata los problemas y triunfos, debilidades y fortalezas que son comunes en las iglesias de hoy.

Por lo tanto, la evaluación de Cristo a estas siete iglesias debe ser de primordial importancia para nosotros. Su evaluación es perfecta y Él no puede ser engañado.

Sus ojos son como *"llamas de fuego"* (Apocalipsis 1:14) que penetran hasta lo más profundo del corazón. Nada se escapa de su vigilancia. Sin su evaluación, somos engañados y cegados por nuestros propios errores. Muchas veces nos preocupamos más por las estrategias del crecimiento de la iglesia o de las últimas tendencias, en lugar de preocuparnos por lo que Cristo piensa. Pero como John Stott nos recuerda, es la evaluación de Cristo lo que tiene importancia, Él es "el fundador, la cabeza y el juez de la iglesia". [1]

Podemos aprender bastante de la evaluación de Cristo a cada una de las siete iglesias de Asia Menor, pero quiero enfocar este estudio en su evaluación de la iglesia en Éfeso. En ella trata el tema del amor, particularmente el problema del amor que se había hecho cada vez más frío. Este tema es de suma importancia porque el amor es vital para la supervivencia de las iglesias locales de hoy. El texto de la evaluación de Cristo se encuentra en Apocalipsis 2:1-6:

Escribe al ángel de la iglesia en Éfeso: El que tiene las siete estrellas en su diestra, el que anda en medio de los siete candeleros de oro, dice esto: Yo conozco tus obras, y tu arduo trabajo y paciencia; y que no puedes soportar a los malos, y has probado a los que se dicen ser apóstoles, y no lo son, y los has hallado mentirosos; y has sufrido, y has tenido paciencia, y has trabajado arduamente por amor de mi nombre, y no has desmayado. Pero tengo contra ti, que has dejado tu primer amor. Recuerda, por tanto, de dónde has caído, y arrepiéntete, y haz las primeras obras; pues si no, vendré pronto a ti, y quitaré tu candelero de su lugar, si no te hubieres arrepentido. Pero tienes esto, que aborreces las obras de los nicolaítas, las cuales yo también aborrezco.

Notas de Parte 1

1. John R. W. Stott, *What Christ Thinks of the Church: An Exposition of Revelation 1-3 (*Lo que Cristo piensa de la Iglesia: una exposición de Apocalipsis 1-3*)*. Grand Rapids: Baker, 2003, 7

Capítulo 1

El elogio de Cristo y su reclamo

No era fácil ser un candelero de Cristo en la oscuridad, en una ciudad pagana como la de Éfeso. El conferenciante R. H. Charles comenta que "Éfeso era…una mezcla de cultos idólatras y superstición".[2] El templo pagano de Artemisa (denominada Diana por los romanos) dominaba la ciudad y era considerado como una de las siete maravillas del mundo antiguo. La adoración al emperador (el culto imperial) nació en Éfeso y era deber de cada ciudadano. Además Éfeso era una ciudad con un próspero centro comercial y una ciudad portuaria llena de inmoralidad.

Sabiendo esto, el Señor reconoce con misericordia su "arduo trabajo" y "paciencia". Él elogia a esta iglesia porque no tolera a aquellos que profesan tener fe y ser cristianos, pero a la vez, justifican un estilo de vida inmoral: *"Yo conozco… que no puedes soportar a los malos"*. Jesús también la elogia por probar *"a los que se dicen ser apóstoles, y no lo son"*. Como los cristianos bereanos, los efesios escrudiñaban *"cada día las Escrituras para ver si estas cosas eran así"* (Hechos 17:11). Cuando los que se decían ser apóstoles iban a enseñar, la iglesia ponía a prueba su autoridad apostólica y luego descubría que era falsa. Por lo tanto, entendía que eran agentes engañadores de Satanás—no representantes de Cristo—entonces rechazaba a ellos y a sus enseñanzas. Seguramente, tuvo que hacerlo con valor y determinación.

Entonces sabemos que la iglesia en Éfeso era una iglesia que sabía discernir a través de la doctrina. Amaba la verdad y, como dijo Jesús, odiaba *"las obras de los nicolaítas"*, una secta herética e inmoral (Apocalipsis 2:6). Tomemos en cuenta que Jesús los elogia por odiar las prácticas y enseñanzas corruptas de esta secta.

Su odio por las malas obras era una muestra de su amor por Dios y su Palabra. En la actualidad, las iglesias necesitan entender que el odio al mal y a la falsedad no es contradictorio con el amor, sino una parte esencial del amor cristiano genuino (1 Corintios 13:6). El amor aborrece "lo malo" y se aferra a "lo bueno" (Romanos 12:9). Los efesios eran un ejemplo a seguir en cómo vigilaban las enseñanzas teológicas. Eran defensores de la verdad y amantes del evangelio. No negociaban los principios bíblicos básicos, y por esto el Señor los elogia.

> Hay muchos motivos para elogiar a la iglesia en Éfeso, y deberíamos premiar todas sus cualidades ejemplares.

También sabemos que los efesios habían pasado por grandes dificultades. Resistieron a los agentes de Satanás y soportaron con paciencia muchas pruebas. Por eso el Señor los elogia diciendo: *"has sufrido, y has tenido paciencia, y has trabajado arduamente por amor a mi nombre, y no has desmayado"* (Apocalipsis 2:3). ¡Qué demostración de fidelidad y dedicación!

Hay muchos motivos para elogiar a la iglesia de Éfeso, y deberíamos premiar todas sus cualidades ejemplares. Esta iglesia podría haber escrito el manual más vendido de cómo tener un ministerio exitoso en la iglesia, sin embargo, no todo estaba bien, algo estaba bastante mal, y Cristo apuntó directamente al problema: la falta de amor. Teniendo en cuenta todas las virtudes de la iglesia, podríamos pensar que el reclamo de Cristo era insignificante, pero desde la perspectiva de Cristo la iglesia había "caído". Había abandonado el amor hacia: *"Al que nos amó, y nos lavó de nuestros pecados con su sangre"* (Apocalipsis 1:5), no era algo pequeño. Es por esto que el Señor dice *"tengo contra ti"*.

Una falla en el amor

El reclamo del Señor a la iglesia en Éfeso es *"has dejado tu primer amor"*. Traducido literalmente sería, "abandonaste tu amor, el primero". El énfasis está en el adjetivo ***"primero"***, es decir, que habían abandonado el amor que expresaron al principio de sus nuevas vidas, unidos como el cuerpo de Cristo. Jesús no dice "no tienes amor", dice "has perdido el amor que tenías al principio". Su amor no era el que solía ser. Ellos todavía tenían alguna medida de amor porque eran verdaderos cristianos que estaban soportando dificultades *"por amor de su nombre"* (Apocalipsis 2:3), sin embargo ya no era el mismo amor que tenían en sus primeros años de cristianos. Ellos todavía amaban al Señor y se amaban unos a otros, pero no como antes.

El amor que tenían por Cristo y entre ellos, motivó todo lo que hicieron. Este amor les había traído alegría, creatividad, frescura, espontaneidad y energía a sus vidas y trabajo. Pero ahora su fuente de energía estaba agotada. Su trabajo se había vuelto insulso y mecánico, y sus vidas y rutinas se centraban en la satisfacción personal. En lugar de ser abundante, su amor era escaso. En lugar de estar motivados por el amor que sentían en sus corazones, sus obras se volvieron superficiales. Incluso ciertas "obras" que surgieron de su primer amor se desvanecieron. Jesús los reprende por esto y los llama a hacer aquellas obras nuevamente (Apocalipsis 2:5).

La razón de su falta de amor no está dicha. El texto no dice amor por Cristo o amor por otros cristianos. Entonces es mejor entender que Cristo se refiere al amor en general, que incluye el amor por Dios, el amor entre los hermanos, y el amor por los perdidos. Según nuestro Señor, el amor por Dios y por nuestros hermanos son compañeros inseparables (Marcos 12:29-31; Lucas 10:27). Es imposible amar a Dios y no amar a nuestros hermanos o amar a nuestros hermanos y no amar a Dios (1 Juan 4:7-5:3).

Cristo usa palabras fuertes en su reclamo a los efesios. El deja la responsabilidad directamente a sus pies cuando dice "has dejado" o "perdido"[3] el amor que una vez tuviste. No pueden culpar a nadie más por esta pérdida. Habían tenido tantas ventajas durante años provistas por las buenas enseñanzas, el acceso a casi todo el Nuevo Testamento y el poder del Espíritu Santo que vive en cada creyente. Sin duda Cristo expresa un extremo desagrado con la situación de los efesios. Su falta es la pérdida de su amor. Han fallado en *"conservarse en el amor de Dios"* (Judas 21). Ahora tienen que enfrentar esta situación y responder a la crítica de Cristo y su consejo.

Notas del Capítulo 1, Parte 1

[2] R. H. charles, *The Revelation of St. John*, (El Apocalipsis de San Juan), New York: Scribner, 1920, 1:48

[3] BDAG, S.V., *"aphiemi,"* 156.

Capítulo 2

Cuando una iglesia pierde el amor

Cada iglesia local tiene sus propios distintivos, dones, identidad y ambiente. Se pueden observar estas diferencias en las iglesias del Nuevo Testamento (Hechos 17:11). Sin embargo, la característica primordial que cada creyente e iglesia debe tener, más allá de los dones y distintivos, es el amor. Por lo tanto, lo que es de suma importancia para cada creyente y cada iglesia es esto: ¿Está el ambiente de nuestra iglesia impregnado de un amor como el de Cristo?

La iglesia de Éfeso no era una iglesia nueva, era una iglesia bien establecida en cuanto a su doctrina y su fe. Seguramente, los efesios asistían a la iglesia regularmente, sabían bien su doctrina, tenían la cena del Señor, rechazaban falsos maestros, hacían buenas obras, se ocupaban de sus responsabilidades, vivían con rectitud, oraban y cantaban, pero les faltaba amor.

> La característica primordial que cada creyente e iglesia debe tener, más allá de los dones y distintivos, es el amor.

D. A. Carson, profesor en Trinity Evangelical Divinity School, escribió un artículo basado en Apocalipsis 2:4 titulado *"Una iglesia que hace todo bien, pero..."*

Carson, al describir este tipo de iglesia, escribe:

> Todavía proclaman la verdad, pero ya no aman a Cristo apasionadamente, quien es la verdad. Siguen haciendo buenas obras, pero ya no más con amor fraternal y compasión. Perseveran en la verdad y son testigos valientes, pero se olvidan que el amor es el mayor testigo de la verdad. No quiere decir que sus verdaderas virtudes han hecho a un lado el amor, pero ninguna gran cantidad de buenas obras, sabiduría, discernimiento en la disciplina de la iglesia, resistencia en la escasez u odio contra el pecado puede compensar la falta de amor.[4]

Déjenme demostrarles con un ejemplo cómo la falta de amor puede ofender a nuestro Señor. Un predicador joven y muy conocido, también maestro de la Biblia, había visitado una iglesia para dar un sermón. Él era un buen maestro y se notaba su amor por la Palabra y por la gente. Durante el tiempo de oración antes de la reunión, se unió a otros creyentes para pedir al Espíritu Santo que hable a las personas, especialmente a los inconversos. Luego del sermón, este predicador se paraba en la puerta y saludaba a cada uno de los hermanos, era evidente que disfrutaba conversar con la gente. De hecho, era la última persona en retirarse de la iglesia, y luego iba a cenar con la familia que lo estaba hospedando y otras personas de la iglesia. Era un tiempo muy agradable de diversión, comunión y conversaciones muy provechosas.

Quince años después, el mismo predicador volvió a esta iglesia a dar su mensaje. Él seguía predicando la Palabra fielmente, defendía una sólida doctrina, estudiaba arduamente, mantenía su agenda bastante ocupada y saludaba a todos de una forma muy amigable, sin embargo había algo diferente. Durante el momento de la oración antes del sermón, él se mantenía callado. Luego del sermón, salía apurado hacia la puerta principal y conversaba rápida y superficialmente con los que lo saludaban. En quince minutos se retiraba. Ya no comía con las personas de la iglesia e insistía en quedarse en un hotel en vez de estar en la casa de alguien.

Algo cambió en la vida y el ministerio de este predicador. Aunque no sea necesariamente malo querer quedarse en un hotel o estipular un honorario, se pueden notar indicadores sutiles de un cambio en su espíritu. No oraba cuando los demás lo hacían, no pasaba tiempo con sus hermanos y hermanas como antes, se iba de la iglesia lo más pronto posible. Incluso su sermón parecía más textual que sincero. Algunos que lo habían escuchado podrían no haber notado su cambio, pero otros lo hicieron. ¿Cuál era la diferencia? Perdió el amor que antes había mostrado. Jesús le diría a este predicador: *"Pero tengo contra ti, que has dejado tu primer amor"*.

¿Por qué el amor es tan importante?

¿Por qué la pérdida de amor es tan seria? ¿Por qué angustia a Dios tan profundamente? ¿Por qué es su amenaza de juicio tan severa? ¿Por qué es algo de vida o muerte para una iglesia? Las respuestas se encuentran en Cristo mismo y en aquellos que Él eligió para que fuesen sus apóstoles.

Primero, Jesucristo enseñó que *"el primer y grande man-*

damiento" es amar a Dios completamente, totalmente, sin reservas, con *todo* tu corazón, y con **toda** tu alma, y con *toda* tu mente (Mateo 22:37-38; Marcos 12:28-34). La suma de todos los mandamientos de Dios y de todo servicio religioso es el amor por Dios. Es la prioridad de un cristiano, la razón por la cual fuimos creados. Nada es más recto, más satisfactorio y gratificante que amar a Dios, nuestro Creador y Salvador.

Segundo, Jesucristo dijo que el segundo gran mandamiento es como el primero: *"Amarás a tu prójimo como a ti mismo"* (Mateo 22:39). Jesús hace del amor por Dios y el amor por el prójimo compañeros inseparables. Él sintetiza el corazón de la religión genuina, espiritualidad verdadera y conducta moral con este doble mandamiento de amar a Dios y amar al prójimo. Su propia valoración del amor es: *"De estos dos mandamientos depende toda la ley y los profetas"* (Mateo 22:40), y *"No hay otro mandamiento mayor que estos"* (Marcos 12:31).

Por lo tanto, los seguidores de Cristo deben estar ***marcados no sólo por la devoción a Dios sino también por todo lo que hacemos por nuestro prójimo***. Este amor por el prójimo incluye aun amar a nuestros enemigos, a nuestros perseguidores y a los que nos aborrecen (Mateo 5:43-48). Antes de continuar leyendo, asegúrese que ha comprendido la importancia de estos mandamientos para vivir una vida que agrade a Dios.

Tercero, ser un verdadero discípulo requiere el negarse a sí mismo y amar a Dios más que a nadie: *"El que ama a padre o madre más que a mí, no es digno de mí; el que ama a hijo o hija más que a mí, no es digno de mí; y el que no toma su cruz y sigue en pos de mí, no es digno de mí"* (Mateo 10:37-38). Todas las demás relaciones interpersonales, incluso los vínculos familiares más estrechos se vuelven en ídolos cuando Cristo no es el primero y el más amado.

Cuarto, Jesucristo les dejó a sus discípulos un nuevo mandamiento: *"Un mandamiento nuevo os doy: Que os améis unos a otros; como yo os he amado, que también os améis unos a otros. En esto conocerán todos que sois mis discípulos, si tuviereis amor los unos con los otros"* (Juan 13:34-35). Jesucristo nos demostró su propio ejemplo de amor sacrificándose a sí mismo como un modelo a seguir para cumplir este nuevo mandamiento. Además, Él enseñó que por nuestro amor los demás nos reconocerán como sus discípulos. De hecho el amor "tiene que ser la marca que nos distingue como seguidores de Cristo".[5]

Los filósofos antiguos o modernos como Platón, Aristóteles, Kant, Russell, jamás han enseñado ideas de tan gran alcance acerca del amor. Ninguna figura política, desde Julio César hasta Winston Churchill, ha pedido así a sus seguidores a amar. Ningún maestro religioso, ni Buda, Confucio o Mahoma, les ha encomendado a sus discípulos amarse unos a otros como ellos amaron a sus seguidores y dieron sus vidas por ellos. Ningún sistema teológico o filosofía dice tanto acerca de la motivación divina de amar (y ser santos) o expresa el amor hasta el punto de que Cristo murió por nosotros en la cruz, o demanda a amar como las enseñanzas de Jesucristo y sus apóstoles.

"El nuevo mandamiento", escribió Carl Hoch, *"es el sine qua non de la vida cristiana".*[6] *Sine qua non* es una frase en latín que significa "sin el cual nada". Por lo tanto, este mandamiento es un elemento esencial en la vida cristiana y en nuestro testimonio hacia el mundo. No cumplir este mandamiento es reducir la vida cristiana a "nada"— como una vida sin Cristo. Como bien dice John Edie, un escocés estudioso del

> "Todo amor es un reflejo o sombra del amor trino de Dios".

"Acercándose uno de los escribas, que los había oído disputar, y sabía que les había respondido bien le prguntó: ¿Cuál es el primer mandamiento de todos?

Jesús le respondió: El primer mandamiento de todos es: Oye, Israel; el Señor nuestro Dios, el Señor uno es.

Y amarás al Señor tu Dios con todo tu corazón, y con toda tu alma, y con toda tu mente y con todas tus fuerzas. Este es el principal mandamiento.

Y el segundo es semejante: Amarás a tu prójimo como a ti mismo. No hay otro mandamiento mayor que éstos.

Entonces el escriba le dijo: Bien, Maestro, verdad has dicho, que uno es Dios, y no hay otro fuera de él;

y el amarle con todo el corazón, con todo el entendimiento, con toda el alma, y con todas las fuerzas, y amar al prójimo como a uno mismo, es más que todos los holocaustos y sacrificios.

Jesús entonces, viendo que había respondido sabiamente, le dijo: No estás lejos del reino de Dios. Y ya ninguno osaba preguntarle".

(Marcos 12:28-34)

Nuevo Testamento , "no hay nada tan frío y reservado como una disposición dura y poco caritativa".[7]

Quinto, Juan, el discípulo amado de Cristo, dijo *"Dios es amor"* (1Juan 4:8,16). Para entender mejor este versículo, necesitamos examinar la Trinidad. En el corazón de la doctrina cristiana del amor está la naturaleza trina de Dios.[8] El modelo de amor supremo se encuentra entre las tres personas que componen a Dios —Dios Padre, Dios Hijo y Dios Espíritu Santo— quienes son tres en uno y uno en tres, perfectos en amor mutuo. "Todo el amor", afirma Kelly Kapic, "es un reflejo o sombra del amor trino de Dios".[9]

Ha existido por toda la eternidad una relación dinámica entre el Padre, el Hijo y el Espíritu Santo caracterizada por el amor (Juan 17:24),[10] y nosotros hemos sido llamados a compartir en su santa comunidad de amor (Juan 17:26; 14:21; 15:9-10).

La proclamación magisterial de Juan de que *"Dios es amor"* en realidad sustenta su principal llamado de amarnos unos a otros: *"Amados, amémonos unos a otros; porque el amor es de Dios. Todo aquel que ama, es nacido de Dios, y conoce a Dios. El que no ama, no ha conocido a Dios; porque Dios es amor"* (1 Juan 4:7-8). Así que, no amarnos unos a otros en la familia de Dios es un pecado atroz.

Sexto, Pablo define el amor como "el camino más excelente" de vivir. El amor es la virtud principal que debe dirigir todo lo que hacemos y decimos en la vida cristiana. Para llevar a casa esta verdad fundamental con una fuerza inolvidable, Pablo escribe:

> *Procurad, pues, los dones mejores. Mas yo os muestro un camino aun más excelente. Si yo hablase lenguas humanas y angélicas, y no tengo amor, vengo a ser como*

metal que resuena, o címbalo que retiñe. Y si tuviese profecía, y entendiese todos los misterios y toda ciencia, y si tuviese toda la fe, de tal manera que trasladase los montes, y no tengo amor, nada soy. Y si repartiese todos mis bienes para dar de comer a los pobres, y si entregase mi cuerpo para ser quemado, y no tengo amor, de nada me sirve. (1 Corintios 12:31-13:3)

En otras palabras, Pablo dice:
- Sin amor, hasta las lenguas angélicas son molestas.
- Sin amor, saberlo todo teológicamente y filosóficamente, no ayuda a nadie.
- Sin amor, una fe poderosa y valiente no tiene valor.
- Sin amor, darle todo a los pobres no tiene sentido.
- Sin amor, hasta el mayor sacrificio que uno pueda hacer es en vano

Maurice Roberts, pastor escocés y ex-editor de *"La demostración de la verdad"*, captura la importancia de las palabras de Pablo y dice:

En estas palabras tan familiares tenemos uno de los principios más centrales de la fe cristiana, y es este: Ningún acto religioso tiene valor a la vista de Dios, si no está acompañado y fluye del amor cristiano...
Pero los hombres rara vez consideran esto con seriedad. Si las implicaciones de este principio fuesen consideradas en profundidad, tendrían un efecto trascendental sobre todos nosotros...

Como nada tiene valor a los ojos de Dios, si no fluye desde el amor, todos necesitamos corregir en gran manera nuestro formalismo habitual.

El problema del formalismo, el nominalismo o la frialdad religiosa es muy seria porque es una razón obvia de la ausencia del amor a Dios... Dios presta una atención especial a la forma en que los hombres piensan de Él cuando van a la iglesia y adoran.[11]

Pablo resume en 1 Corintios 13, el gran capítulo del amor, con su declaración: *"la fe, la esperanza y el amor, estos tres; pero el mayor de ellos es el amor"*. Todo cristiano debe estar marcado por la fe, la esperanza y el amor. Estas virtudes son esenciales en una vida renovada así como también una iglesia próspera.

Sin embargo, incluso entre estos tres Pablo dice: *"el mayor de ellos es el amor"*. Así que ya sea que hablemos del fruto del Espíritu o de virtudes esenciales, ¡el amor es el más importante![12]

Así que ya sea que hablemos del fruto del Espíritu o de virtudes esenciales, ¡el amor es el más impotante!

Deberíamos siempre preguntarnos: cuando la gente visita nuestra iglesia, ¿encuentran un clima cálido, amigable y se sienten bienvenidos por personas que demuestran amor hacia todos? ¿Encuentran compasión como la de Cristo y el tipo de comunidad familiar llena de amor que presentan los escritores del Nuevo Testamento? ¿Ven preocupación genuina por las necesidades de los demás, hospitalidad y generosidad? ¿Observan alegría en el Señor, vitalidad espiritual y son personas que quieren alcanzar al mundo que está sufriendo?

¿O parece la iglesia un encuentro impersonal más que

una familia espiritual? ¿Los visitantes sienten indiferencia y falta de amistad? ¿Observan un espíritu de crítica, o un grupo de gente enojada, orgullosa y discutidora?

Recuerden que siempre hay uno que camina entre las iglesias, invisible, pero que todo lo ve. ¿Cómo cree que Cristo evaluaría su iglesia local hoy?

Un amigo mío tuvo que buscar una nueva iglesia luego de que su iglesia cerrara. El vivía en una ciudad grande con varias iglesias evangélicas, así que tenía una gran variedad de iglesias para elegir. Mi amigo es el tipo de persona que se involucra fielmente con su iglesia, entonces no iba a quedarse con cualquier iglesia. Luego de una larga y frustrante búsqueda, encontró una iglesia adecuada para él.

Le pregunté qué había aprendido luego de visitar tantas iglesias y tuvo observaciones muy interesantes, aunque mi interés era el saber por qué eligió esa iglesia. Me dijo que su decisión estaba basada en "el espíritu de la iglesia y su atmósfera". Todas las iglesias que había visitado tenían doctrinas bien establecidas y muy buenos maestros de la Biblia, sin embargo, algo estaba faltando. La iglesia que eligió enseñaba muy bien la Biblia pero además había un espíritu de amor y solidaridad entre la gente. Es decir, pudo elegir una iglesia en donde se sintiera recibido y ser parte de ella.

La iglesia en Éfeso tenía una buena doctrina establecida, eran fieles al evangelio pero algo estaba faltando. El espíritu de la iglesia era defectuoso porque le faltaba amor. Entonces veamos cuál es el remedio que Cristo tiene para la falta de amor y así podremos combatir esta falla en nuestras iglesias.

Notas del Capítulo 2, Parte 1

[4] D. A. Carson, *"A Church that Does All the Right Things, But..."*, (Una iglesia que hace todo bien, pero...), Christianity Today (June 29, 1979): 30.

[5] Leon Morris, *"The Gospel according to John"*, (El evangelio de según San Juan), NICNT, [Grand Rapids: Eardmans, 1995], 562.

[6] Carl B. Hoch. Jr., *"All Things New: The Significance of Newness for Biblical Theology"*, (Todo hecho nuevo: el significado de lo 'nuevo" para la teología bíblica), [Grand Rapids, MI, Baker 1995], 145.

[7] John Eadie, *"Divine Love: "A Series of Doctrinal, Practical and Experimental Discourses"*, (Amor divino: Una serie de disertaciones, doctrinal, práctica y experimental) 1856: Birmingham, AL, Solid Ground Christian Books, 2005, 276.

[8] *Christianity, in the last analysis, is trinitarianism. Take out of the New Testament the person of the Father, the Son, and the Holy Spirit, and there is no God left"* (Cristianismo, en su análisis final es Trinitarismo. Quitemos del Nuevo Testamento la persona del Padre, del Hijo, y del Espíritu Santo y no queda Dios), William G. T. Shedd, "Introductory Essay" in Philip Schaff, ed., *Nicene and Post-Nicene Fathers*, First Series [1887; Peabody, MA: Hendickson, 1994] 3:10-11.

[9] Kelly M. Kapic, *"Communion With God: The Divine and the Human in the Theology of John Owen"*, (Comunión con Dios: lo divino y lo humano en la teología de Juan Owen), [Grand Rapids; Baker, 2007], 231.

[10] Hablando de la Trinidad como una sociedad de Personas, Bruce Ware escribe: "Dios nunca está 'solo'... ¡Un Dios es tres! El es por pura naturaleza ambos, una unidad en Ser mientras que también en su existencia eterna es una sociedad de Personas... Es un ser relacionado con Él mismo. En esta relación tri-Personal, las tres Personas se aman, se apoyan y asisten el uno al otro. Trabajan juntos, se honran mutuamente, se comunican y respetan y disfrutan de una comunión perfecta.... Tal es la enorme riqueza y consumación de esta relación social que existe en la Trinidad" Bruce A. Ware, *"Father, Son and Holy Spirit: Relationship, Roles and Relevance"* (Padre, Hijo y Espíritu Santo: Relación, posición y propósito) [Wheaton: Crossway, 2005] 20-21.

[11] Maurice Roberts, "The Supreme Grace of Christian Love", (La suprema gracia de amor cristiano), The Banner of Truth, (February, 1989): 1, 3.

[12] Gaston Deuz, pastor y expositor resume 1 Corintios 13 de esta manera: "La vitalidad de una iglesia es medida por su abundancia de amor, no por su fanatismo o membrecía, o por su teología prespicaz o la prosperidad de sus finanzas. Pero es una realidad que el amor puede aumentar el fervor de sus feligreses, inspirar a los teólogos y mejorar las finanzas de la iglesia". Gaston Deluz, *A companion to 1 Corithians* (Un compañero para 1 Corintios), [London: Darton, Longman & Todd, 1963], 188.

Capítulo 3

El remedio de Cristo

Lo que aprendemos de Apocalipsis 2:4 y que no podemos olvidar es que una persona o una iglesia pueden enseñar una buena doctrina, ser fiel al evangelio y trabajar duro, pero hacerlo todo sin amor y por lo tanto desagradar a Cristo. El amor puede volverse frío mientras que por fuera, la actuación religiosa parece aceptable— o hasta digna de alabanza.

Tenemos una tendencia a confiar en las prácticas religiosas superficiales, en tradiciones, en distinciones denominacional, en corregir la doctrina y reglas morales y no prestamos suficiente atención a lo esencial y fundamental en el amor a Dios y al prójimo. ¡Qué fácil es estar satisfecho con los actos religiosos superficiales y ser como los fariseos en que *"diezmáis la menta, y la ruda, y toda horta-liza, y pasáis por alto la justicia y el amor de Dios"*! (Lucas 11:42).[13] La religiosidad reemplaza engañosamente la verdad, la fe sincera y el amor y es un peligro siempre presente. Es un problema difícil de identificar y explicar hasta que es demasiado tarde. Sin

> El amor puede volverse frío, mientras que por fuera la actuación religiosa parece aceptable — o hasta digna de alabanza.

embargo, deber ser identificado y corregido porque el amor a Dios y al prójimo está en el centro de una vida espiritual genuina y por este motivo es que el versículo en Apocalipsis 2:4 muestra un llamado a las iglesias a despertarse del sueño espiritual: ¡ama o muere!

De todas formas, no es nada fácil restablecer un corazón deficiente en el amor. Existe una afección cardíaca llamada cardiomiopatía que debilita el músculo del corazón, haciendo que no pueda bombear suficiente sangre. Si a esta enfermedad se la deja sin tratar, la persona afectada se volverá cada vez más débil y posiblemente llegue a la muerte. Hay un riesgo similar cuando un corazón se vuelve deficiente en el amor. Un corazón frío se vuelve un corazón duro, y un corazón duro se resiste a cambiar. Con el paso del tiempo, es cada vez más difícil restablecer el cálido amor de Cristo. Es necesario detener este avance y revertir esta situación lo más pronto posible.

En la iglesia de Éfeso, una afección cardíaca espiritual, *"deficiencia de amor"*, estaba debilitando la iglesia. Si esta condición no era diagnosticada y tratada apropiadamente, la iglesia moriría. En lugar de fortalecerse en amor, como debería hacerlo una iglesia sana y fuerte, la iglesia estaba cada vez más débil. Entonces el Gran Médico se ocupó del problema, diagnosticó su condición y recetó el remedio.

Llamando a los efesios a actuar, Jesucristo les advierte: *"vendré pronto a ti, y quitaré tu candelero de su lugar, si no te hubieres arrepentido"* (Apocalipsis 2:5). Si ellos no actuaban, Él lo haría. Esto no era una amenaza sin fundamento, sino que demostraba lo que Cristo sentía porque habían abandonado su primer amor.

Si bien la declaración de Cristo es debatible, la seriedad

de la situación es clara. Sus palabras revelan la enfermedad espiritual de los efesios. La falta de amor es una enfermedad mortal, que fue provocada por el descuido y abandono. Si ellos no se arrepentían, Cristo iba a quitar su luz.

Para ayudar a esta situación debilitante de la iglesia, Cristo les indicó que cumplieran con tres requisitos para evitar la disciplina divina. La situación era posible de ser restablecida, pero no actuar rápido significaría un desastre para la iglesia. Por eso Cristo, les receta un remedio triple: recuerda, arrepiéntete y haz las obras que hicistes en el principio.

Recuerda

Lo primero que el Señor le encomienda a la iglesia es *"Recuerda, por tanto, de donde has caído"*. Jesucristo dice que cayeron y que volvieron atrás; es decir, su condición espiritual no era la misma que antes.

Irónicamente, los efesios no fueron engañados por falsos maestros (v. 2) pero fueron desorientados por la falla en el amor. Pudieron hacerle frente a un peligro bastante serio —la falsa doctrina— pero se rindieron a otro peligro mortal —la falta de amor—. Este es un mensaje para todas las iglesias: tanto la sana doctrina como el amor ferviente se deben mantener juntos y balanceados.

Con el objetivo de ayudar a los efesios a reconocer la seriedad de su situación, Cristo les advierte que deben recordar los primeros tiempos cuando el amor era lo que motivaba todo lo que hacían. Necesitaban hacer memoria del amor que se tenían originalmente pero que habían perdido.

"Recordar" significa acordarse de sentimientos pasados y acciones pero no en un sentido pasivo. No es soñar despierto con los "buenos tiempos", sin ninguna intención de hacer algo al respecto. La orden en modo imperativo "recuerda" recalca una actitud mental de recordar que está en curso y es continua. Esta requiere de un esfuerzo para acordarse de alegrías pasadas, obras, actitudes y experiencias en la vida de la iglesia para repetirlas y ponerlas en práctica.

Estos recuerdos guiarán a la iglesia en sus acciones del presente y proveerán dirección para el futuro. Establecerán un ejemplo y promoverán el cambio. Recordar todas estas cosas le ayudará a la iglesia a ver y admitir esa caída. Recordar los guiará a arrepentirse y volver a sus primeros actos de amor. Para esta iglesia, la forma de avanzar es retroceder: identificando claramente lo que habían perdido y reconociendo su condición pecaminosa.

Arrepiéntete

La orden en modo imperativo "recuerda" es seguida por otra que es "arrepiéntete". Ellos tenían que tomar conciencia de su necesidad de volver y restablecer el amor que una vez tuvieron. Recordar de dónde habían caído les llevaría a arrepentirse.

¿Qué es arrepentirse? D. A. Carson da una buena definición de *arrepentimiento*:

> No es simplemente un cambio de opinión o profunda pena, menos todavía haciendo penitencia. Arrepentimiento significa una completa transformación de la persona, una vuelta de 180° que incluye la forma de pensar y actuar con matices de dolor "porque fueron contristados para arrepentimiento". Seguramente, esto demuestra que las

acciones del hombre no van por un buen camino y necesitan un cambio completo.[14]

Por medio del arrepentimiento la iglesia en Éfeso demostraría:
- Que _acepta_ la evaluación de Cristo en cuanto a su caída
- Que se ha _examinado a sí misma_ para no ser juzgada, de acuerdo a la Palabra (1 Corintios 11:31-32).
- Que se _entristece_ por su falta de amor y haber sido desagradable para Cristo (2 Corintios 7:8-10).
- Que _rechaza al pecado_ y vuelve a su vida de amor pasada.
- Que, por la gracia de Dios, _tomará la decisión correcta_ (2 Corintios 7:8-12).

Los efesios no habrían podido restablecer su primer amor sin arrepentirse; el Señor no lo hubiese permitido. Lo importante aquí es que siempre se debe tratar el pecado; nunca puede ser ignorado. El arrepentimiento era la clave para que los efesios volvieran a su primer amor. Si no abrían los ojos ante el llamado de Cristo a arrepentirse, iban a sufrir el juicio de Dios: _"Pues si no, vendré pronto a ti, y quitaré tu candelero de su lugar, si no te hubieres arrepentido"_ (Apocalipsis 2:5b).

> **El arrepentimiento era la clave para que los efesios volvieran a su primer amor.**

Haz las primeras obras

Luego de "recuerda" y "arrepiéntete" sigue la orden en modo imperativo que es *"haz las primeras obras"*. La palabra *"primeras"* nos hace acordar al texto previo *"has dejado tu primer amor"* (Apocalipsis 2:4). El verdadero arrepentimiento produce "frutos dignos de arrepentimiento" (Mateo 3:8 y 2 Corintios 7:10-11). Es así que Cristo les señala las primeras obras que surgieron de su primer amor.

Para los efesios volver a las primeras obras significaba volver a comprometerse con actos de amor que antes hacían y habían abandonado. Jesucristo no les pedía que hicieran más obras, porque ellos las hacían (Apocalipsis 2:2), sino que les pedía que hicieran las obras que habían hecho anteriormente. Parecería que su "arduo trabajo" y "paciencia" estaban completamente limitados a detener los falsos maestros, proteger la sana doctrina de cualquier ataque y enfrentar la oposición de una sociedad hostil.

Al haber abandonado gradualmente su primer amor, también abandonaron, o redujeron en gran manera, ciertos actos de amabilidad, compasión, atención, hospitalidad y oración.[15] La falta de amor siempre tiene sus consecuencias en el trabajo, la conducta, actitudes y actividades de una iglesia. Los efesios trabajaban duro y resistían pero faltaban algunos elementos para su trabajo que necesitaban ser restablecidos.

Para la iglesia de Éfeso era una buena noticia que el arrepentimiento les aseguraba el perdón y la ayuda de Cristo. El Señor iba a "proveerles con su aceite de amor fresco"[16] así su luz podría brillar otra vez. Lo que más quiere es que el amor reviva y crezca y su mayor anhelo es que se amen unos a otros como solían hacerlo.

Nuestro amor, así como el de los efesios también, puede reavivarse. Podemos volver a dedicar nuestras vidas a Cristo y el Espíritu Santo puede darnos un nuevo aliento de vida a través de la oración, estudios bíblicos, evangelismo, adoración y compañerismo. Podemos conocer más del amor que Cristo tiene por nosotros y permanecer en este amor (1 Juan 4:16). Podemos caminar firmemente en el amor porque Cristo nos amó y se entregó a sí mismo por nosotros (Efesios 5:2). Usted podrá leer distintas formas de poner esto en práctica en los próximos capítulos.

Notas del Capítulo 3, Parte 1

---

[13] Para un ejemplo de un escriba que entendió la verdad fundamental del amor a Dios y al prójimo, señalando que esto es más importante que "todos los holocaustos y sacrificios" ver Marcos 12:33-34.

[14] D. A. Carson, *Matthew 1–12, The Expositor's Bible Commentary* (Mateo 1-12, Comentario bíblico, El expositor), [Grand Rapids: Zondervan, 1995], 99.

[15] Romanos 12:9-21; 1 Timoteo 5:10; 1 Juan 3:11-18

[16] Robert Tuck, *A Homiletic Commentary* (Comentario de homilética) [New York: Funk & Wagnalls, n.d.], 9: 451.

Parte 2

Cómo cultivar el amor

Y considerémonos unos a otros para estimularnos al amor y a las buenas obras.

Hebreos 10:24.

El Señor reprende a la iglesia en Éfeso y le advierte con firmeza que puede trabajar arduamente, luchar contra la herejía, perseverar, enseñar la sana doctrina, y aún así, por falta de amor, estar en peligro de la disciplina de Dios. No importa qué impresionante parezca la iglesia desde afuera—un espectacular edificio, una enorme congregación, un gran número de miembros activos, un alto presupuesto, enseñanza dinámica, un programa de misiones extraordinario y música sensacional—podría desaparecer por falta de amor (1 Corintios 13:1-3).

El amor es vital para la salud espiritual del creyente y de toda la iglesia local, por eso cultivar el amor entre los hermanos es de fundamental importancia para mí. Me aflige tanto ver iglesias que no reflejan el espíritu del Nuevo Testamento y no practican el amor. Me lamento por algunas iglesias que son arrogantes por enseñar una buena doctrina pero están dormidos en cuanto a dar amor (1 Corintios 13:4). También me afligen las iglesias que, por el contrario, están orgullosas por el amor que tienen pero dormidas en cuanto a la doctrina. Es decepcionante ver iglesias que, por ver el amor en una forma distorcionada, se niegan a disciplinar a quienes están en pecado y no se arrepienten. Es triste ver hermanos que están conformes y no se interesan en que su amor crezca. No puedo creer que haya creyentes que se pelean unos con otros como lo hace la gente agresiva que pelea en la calle (denunciándose, ofendiéndose y odiándose) y muestran poca preocupación por la conducta de amor que nos enseña la Biblia (1 Corintios 13:1-7).

Cada creyente es responsable por la falta de amor en la familia de Cristo. Por más que Dios sea quien básicamente nos une y nos motiva a amarnos,[1] hay una parte humana en esta ecuación. Las Escrituras nos exigen a todos los creyentes a buscar el amor, caminar en el amor, permanecer en el amor de Cristo y fomentar el amor y las buenas obras.[2] Por lo tanto, es vital para nuestras iglesias y para el bienestar espiritual de cada creyente saber cómo cultivar y proteger el amor.

El cuidado y la práctica del amor es un asunto de vida o muerte. No queremos que el Señor nos diga *"Tengo esto contra ti"*. Entonces, es nuestra responsabilidad individual y corporal, cultivar, proteger y hacer que crezca el amor que nos tenemos unos por los otros. Debemos motivar el amor *"en hecho y en verdad"* (1 Juan 3:18). Y cuando el amor se vaya desvaneciendo, tenemos que reavivarlo.

Notas de Parte 2

---

[1] Juan 15:9; Romanos 5:5; 8:35-39; Gálatas 5:22; Judas 1.
[2] 1 Corintios 14:1; Judas 21; Juan 15:9; Efesios 5:2; Hebreos 10:24.

Capítulo 1

Estudie el amor

Si el amor que imitamos es el de Cristo, no hay mejor punto de partida que el estudio de lo que Dios dice en su Palabra. La Biblia es el patrón para definir el amor de Dios y corregir las nociones falsas, aunque muchos cristianos no son conscientes de todo lo que las Escrituras enseñan sobre el amor.

En la versión de la Biblia Reina Valera 1960 la palabra *"amor"* en sus diferentes formas aparece casi mil veces.[3] Además, el concepto de amor aparece en la Biblia muchas otras veces aunque no se encuentre la palabra específicamente. La razón por lo que el tema es tan extendido es porque Dios es amor; el autor, aquel que define y recompensa el amor. Es por eso que es tan natural que su Palabra esté impregnada de amor.

Si estamos en búsqueda del amor tenemos que leer y estudiar lo que Dios dice de esto en su Palabra. Así conoceremos más del amor, de Dios y de Cristo a quienes debemos amar más que a nadie. Sólo la Palabra de

> **Si estamos en búsqueda del amor tenemos que leer y estudiar lo que Dios dice de esto en su Palabra.**

Dios y su Espíritu pueden despertar el deseo de amar y transformar la maldad de nuestros corazones para amar como Cristo nos amó. Sólo las Escrituras pueden convencernos de la importancia del amor y los mandamientos de Dios de amar.

Henry Moorhouse y el estudio del amor

La influencia que tuvo la historia de Henry Moorhouse en la vida del gran misionero Dwight L. Moody, es una sorprendente ilustración de la importancia de estudiar el amor bíblico.[4] Henry Moorhouse era un misionero inglés joven; su método para predicar el evangelio era tomar un tema y estudiarlo desde el Génesis hasta el Apocalipsis. Entonces, era capaz de enseñar el tema con un conocimiento de toda la Biblia. Sus mensajes eran un exquisito banquete de contenido bíblico complementado muy hábilmente con ejemplos que aclaraban el significado de la Biblia para las personas incrédulas.

De todos los temas, su favorito era el amor de Dios, como dice en Juan 3:16: *"Porque de tal manera amó Dios al mundo que ha dado a su Hijo unigénito, para que todo aquel que en él cree no se pierda, mas tenga vida eterna"*. La primera vez que Henry Moorhouse vino a América y dio su sermón en la iglesia de Moody en Chicago ¡presentó siete mensajes directamente relacionados con el texto de Juan 3:16 en una semana! A través de toda la Biblia, Moorhouse llevó a sus oyentes a explorar el increíble amor de Dios.

Todo lo que Moorhouse decía estaba respaldado por la Biblia. Como resultado de su uso frecuente de las Escrituras en sus sermones, la congregación comenzó a llevar sus Biblias por primera vez a la iglesia. Su predicación reflejaba de tal manera el poder del Espíritu Santo que las multitudes aumentaban cada día. Moorhouse había iniciado el despertar espiritual del amor en la iglesia.

Hasta Moody confesó que no podía contener sus lágrimas al escucharlo insistir en cada versículo donde Dios muestra su amor para con los pecadores a través de la muerte de Jesucristo.

Hasta ese momento Moody había predicado acerca del juicio de Dios para los pecadores y no del amor de Dios por los pecadores. Pero, luego de los siete mensaje de Moorhouse basados en Juan 3:16, Moody "no volvió a ser el mismo hombre".[5] A pesar de que al principio Moorhouse no le simpatizaba a Moody, pronto se volvieron amigos íntimos y de toda la vida. Henry Moorhouse, que parecía un adolescente de diecisiete años, sin barba y que le llegaba a los hombros, no tuvo miedo de animar a Moody a estudiar más la Biblia y dar mensajes más centrados en la misma. Moody respondió positivamente y Moorhouse se convirtió en su maestro.

El ejemplo de Moorhouse, su estudio de la Biblia y sus mensajes poderosos sobre el amor de Dios en Cristo, motivaron en gran manera a Moody a estudiar lo que la Palabra decía acerca del amor, y quedó asombrado por lo que descubrió en su estudio de la misma.

> Busqué esa palabra, "amor", y no sé cuántas semanas pasé estudiando los pasajes donde aparece, *¡hasta que no podía parar de amar!* Me había estado alimentando de amor tanto tiempo que estaba ansioso por hacer bien a la gente y poner esto en práctica.
> Me llené de amor, hasta desbordar. ¡Te invito a aceptar el reto del amor en la *Biblia*! Vas a estar tan

lleno de amor, que al abrir tu boca una inundación del amor de Dios va a fluir en tu camino. No tiene sentido intentar hacer el trabajo de la iglesia sin amor. Un doctor o un abogado quizás pueden hacer un buen trabajo sin amor, pero el trabajo de Dios no puede ser hecho sin amor.[6]

La Biblia es sin igual en su reclamo y su demanda de amar. Todo lo que dice acerca del amor le asombrará. Si "acepta el desafío de Moody sobre el tema del amor ", usted también encontrará que quiere hacer cosas buenas a todo el mundo. El amor va a fluir de sus manos y su boca; querrá ser un mejor ejemplo dando amor como el de Cristo.

Como sucedió con Moorhouse, usted también puede tener pasión por entender y crecer en el amor de Dios. De hecho, el texto Juan 3:16 fue su mensaje predilecto, y en su lecho de muerte, le dijo a su amigo: "Si el Señor me levantara, me gustaría predicar más del texto *'De tal manera amó Dios al mundo'*".[7] Días después murió a la edad joven de cuarenta años. En su tumba está grabado el versículo Juan 3:16.

Empezando a estudiar el amor

Una forma rápida y simple de empezar a investigar sobre este tema en la Biblia es leyendo los textos que aparecen en el apéndice de este libro (Apéndice B: Cincuenta textos claves acerca del amor). Estos pasajes le darán un amplio panorama del paisaje bíblico del amor. No los lea rápido; tome tiempo para pensar en el amor como lo plantea la Biblia, un amor como el de Cristo.[8]

Otra forma de estudiar el amor es buscando versículos que incluyen la palabra amor en una concordancia o programas de software. Lea los versículos en contexto y clasifíquelos de acuerdo al tema al que pertenecen; esto le ayudará a recordar lo que la Biblia enseña sobre el amor. Por ejemplo el texto de Juan 17:24 establece una invaluable percepción del amor del Padre hacia el Hijo. Algunas clasificaciones pueden ser:

Dios es amor
El amor del Padre por el Hijo
El Espíritu Santo y el amor
El amor de Dios por Israel
El amor incondicional de Dios
El amor de Cristo por su pueblo
El amor de los creyentes hacia Dios
El amor de los creyentes hacia Cristo
El amor de los creyentes por sus hermanos en la fe
El amor de los creyentes por los perdidos
Relaciones de amor entre las personas (hijo y padre, marido y mujer, amigos, líderes y seguidores, etc.)
El crecimiento en el amor
Los mandamientos del amor
La naturaleza del amor
La importancia del amor
El amor y la oración
El amor y la obediencia

Mientras lea tenga en cuenta que nuestro Señor enseña que el primer y más grande mandamiento y nuestro deber principal es amar a Dios más que a nosotros mismos, más que a otros y más que a cualquier cosa material.⁹ Todo amor humano encuentra su lugar y su orden en la vida cuando el amor por el eterno Dios-Creador es lo primero y lo más destacado. Amar a cualquier ser viviente u objeto material más que a Dios es idolatría y perversión del amor.

El segundo mandamiento es inseparable al primero: *"Amarás a tu prójimo como a ti mismo"*. El amor a Dios y al prójimo es la suma de todos los mandamientos, todo el comportamiento ético, todo el servicio religioso y toda la espiritualidad interior. La importancia primordial de estos dos mandamientos de amar está enfatizada cuando Cristo dice:

> "No tiene sentido intentar hacer el trabajo de la iglesia sin amor. Un doctor o un abogado quizás puedan hacer un buen trabajo sin amor, pero el trabajo de Dios no puede ser hecho sin amor"
> — D. L. Moody

De estos dos mandamientos depende toda la ley y los profetas. (Mateo 22:40).

No hay otro mandamiento mayor que éstos. (Marcos 12:31).

Por supuesto que el estudio del amor en la Biblia no es un estudio para una vez, sino un proceso que dura toda la vida. Aprender el amor de Dios en Cristo y el amor de Dios por nosotros es una búsqueda interminable. Es uno de los temas más interesantes y emocionantes en las Escrituras. Al llenar su mente con el amor que la Biblia enseña, aprenderá lo que Dios espera de usted y crecerá en amor. Podrá protegerse a sí mismo de la falta de amor y estar mejor preparado para animar a otros a amar.

Luego de estudiar el amor en la Biblia, incentive a otros a hacer lo mismo. Comience con un grupo reducido a estudiar este tema y usar la guía de estudio que este libro provee o la guía de estudio del libro, *Liderando con amor: Una guía para el líder cristiano*,[10] (es un libro que escribí principalmente para líderes, pero cualquier persona puede leerlo y aprovechar sus enseñanzas y exposición bíblica). Además, organizar grupos de estudio bíblico para estudiar este tema específicamente tendrá un gran impacto en el espíritu de amor en la iglesia. Estudiar el amor basándonos en la Biblia es una forma sólida de *"seguir el amor"* (1 Corintios 14:1) y *"estimularnos al amor y a las buenas obras"* (Hebreos 10:24).

Notas del Capítulo 1, Parte 2

---

[3] En la cantidad de palabras que hablan del amor, menciono también amor inmutable en (hebreo, *hesed*), cuando es traducido como amor inmutable o amor.

[4] Se estima que Moody predicó el evangelio a más de 100 millones de personas, viajó más de 1.600.000 kilómetros y guió a cientos de miles de personas al conocimiento de Cristo; todo esto antes del uso masivo de los autos, los aviones, la radio y la televisión (Lyle W. Dorsett, *"A Passion for Souls: The Life of D. L. Moody"*, (Pasión por las almas: La vida de D. L. Moody) [Chicago: Moody, 1997], 139.

[5] Dorsett, *"A Passion for Souls"*, (Pasión por las almas), 139.

⁶ Richard Ellsworth Day, *"Bush Aglow: The Life Story of Dwight Lyman Moody"*, (La zarza ardiente: Historia de la vida de Dwight Lyman Moody), Commoner of Northfield (Philadelphia, PA: The Judson Press, 1936], 146.

⁷ John Macpherson, *"Henry Moorhouse: The English Evangelist"* (Henry Moorhouse: El evangelista inglés), [London: Morgan and Scott, n.d.], 130.

⁸ Martyn Lloyd-Jones añadió, "El amor es algo que debe ser meditado... Si el amor no te hace pensar, no es amor; es solamente un instinto físico. El amor se debe considerar, mirar con cuidado, habitar con él, analizar y considerar. El amor debe ser estudiado, y cuanto más lo estudiamos más lo disfrutamos". *"The usearchable Riches of Christ: An Exposition of Ephesians 3:1 to 21"*, (Las inescrutables riquezas de Cristo: una exposición de Efesios 3:1 al 21), [Grand Rapids: Baker, 1979], 232-233.

⁹ Deuteronomio 6:4-5; Mateo 22:34-40; Marcos 12:28-34; Lucas 10:25-42.

¹⁰ Alexander Strauch, *"A Christian Leader's Guide to Leading with Love"* (Liderando con amor, guía de estudio para el líder cristiano), [Littleton, CO, Lewis and Roth, 2006].

Capítulo 2

Ore por amor

Una cosa es estudiar el amor y otra distinta es poner en práctica lo que aprendemos. Sin embargo, podemos aprender mucho de cómo vivir en el amor, por la forma en que los apóstoles incentivaban el amor efusivo de Cristo que era evidente en las primeras iglesias. Los apóstoles se preocupaban muchísimo más que nosotros por amar al prójimo. El Nuevo Testamento nos dice que ellos *enseñaban* a los creyentes lo mismo que Cristo enseñaba sobre el amor. *Exhortaban* a sus lectores a que practicaran este amor, *modelaban* el amor del Señor, les *advertían* de no amar al mundo presente más que a Cristo y *oraban* por los cristianos que los seguían para que se amaran unos a otros con este amor. Vamos a explorar cada uno de los puntos empezando con la oración.

Una de las razones por las cuales vemos que en nuestras iglesias el crecimiento en el amor es muy pobre es porque no nos esforzamos por orar por ello. Somos egoístas por naturaleza y no podemos por nuestras propias fuerzas andar en amor como Cristo lo hizo. Si debemos amar como Cristo amó, entonces primero debemos orar para que el Espíritu Santo nos dé poder para esto. No puede haber un resurgimiento del amor sin perseverar en la oración. George Müller, un hombre extraordinario de oración, entendió así la necesidad de la oración continua:

> No puede haber un resurgimiento de amor sin perseverar en la oración.

> El gran error que cometemos los hijos de Dios es que *no seguimos orando; no perseveramos en la oración.* Si deseamos algo para la gloria de Dios, deberíamos orar hasta que lo tengamos.[11]

El Nuevo Testamento provee ejemplos de hombres que oraron para que el amor creciera. Pablo, por ejemplo, oró para que sus hermanos crecieran en el conocimiento del amor de Dios por ellos, en el conocimiento del sacrificio de amor de Cristo en la cruz y por el amor entre ellos y al resto de la gente. El examinar estas oraciones será instructivo y desafiante para nuestra vida de oración.

Ore para conocer el amor de Cristo

En una de las oraciones más destacadas en el Nuevo Testamento, Pablo le pide a Dios que les permita a los creyentes, por el poder del Espíritu Santo, entender el vasto e incomprensible amor de Cristo:

> *"Por esta causa doblo mis rodillas ante el Padre de nuestro Señor Jesucristo... para que os dé... el ser fortalecidos con poder en el hombre interior por su Espíritu; para que... seáis plenamente capaces de comprender con todos los santos cuál sea la anchura, la longitud, la pro-*

fundidad y la altura, y de conocer el amor de Cristo, que excede a todo conocimiento, para que seáis llenos de toda la plenitud de Dios" (Efesios 3:14-19).

Por más que el amor de Cristo "excede todo conocimiento", tenemos que buscar comprenderlo. [12] La gran verdad que debemos recordar una y otra vez es esto: **Nosotros amamos a Cristo porque él nos amó primero y dio su vida en la cruz por nuestros pecados.** Entonces es un tarea que vale la pena, el orar con diligencia para entender el amor de Cristo nuestro Salvador.[13]

Conocer el amor de Cristo, no sólo intelectualmente sino también desde la experiencia y la intimidad, cambia vidas. C.T. Studd, un pionero en misiones a la China, India y África, entendió la verdad del amor de Cristo y su sacrificio cuando dijo: "Si Jesucristo es Dios y murió por mí, no hay ningún sacrificio tan grande que yo no pueda hacer por Él".[14]

La verdad del amor de Cristo inspiró a John Scott para escribir esta reflexión: "La cruz es el fuego ardiente donde la llama de nuestro amor se enciende".[15]

Mientras más entendamos el sacrificio de amor de Cristo en la cruz del Calvario, mayor será nuestro amor por Dios y por nuestro prójimo. De hecho, la Biblia dice: *"Amados, si Dios nos ha amado así, debemos también nosotros amarnos unos a otros... nosotros le amamos a él, porque él nos amó primero"* (1 Juan 4:11,19). Entonces, nunca dejemos de orar para entender en profundidad y apreciar el amor que Cristo tuvo al morir por nosotros; eso nos ayudará a amarlo aún más.

El secreto de los primeros cristianos, los primeros protestantes, puritanos y metodistas era que a ellos les enseñaban del amor de Cristo, y se llenaban de conocimiento acerca de su amor. Una vez que el hombre tiene el amor de Cristo en su corazón, no necesita ser entrenado para que sea de testimonio; él solo lo hará.

Él sabrá del poder, de su limitación, su motivo principal; todo está allí. Es una clara mentira insinuar que aquéllos que consideran el conocimiento del amor de Cristo como un tema trascendental, son inútiles y enfermizos.

Los siervos de Dios que adornaron la vida y la historia de la iglesia cristiana han sido siempre hombres que se han dado cuenta que esto es lo más importante de todo y han pasado horas orando, buscando su rostro y disfrutando de su amor.

El hombre que conoce el amor de Cristo puede hacer más en una hora que lo que un hombre ocupado puede hacer en un siglo.

Entendamos que el motivo principal es lo primero y ese motivo debe ser siempre el amor de Cristo.

D. Martyn Lloyd-Jones, "The Unsearchable Riches of Christ" (Las inescrutables riquezas de Cristo), 253.

Una forma práctica de dar vida a nuestras oraciones cuando queremos apreciar más el amor de Cristo o amarlo más es cantando nuestras oraciones. Podemos cantar himnos o coros contemporáneos acerca del amor de Cristo, el amor por Cristo y el amor entre los hermanos. Por ejemplo, podríamos cantar este himno como una oración:

Amarte más, Jesús,
 ¡Amarte más!
Oye mi oración
 De rodillas;
Mi ruego es con fervor:
 Amarte más, Jesús,
¡Amarte más, amarte más!

Antes al mundo amé,
 La paz busqué;
Hoy sólo busco a Ti
 Dar lo mejor;
Es toda mi oración:
 ¡Amarte más, Jesús,
Amarte más, Amarte más!

"*More Love to Thee*" (Más amor por Ti) de Elizabeth Prentiss.
Traducción sacada de:
http://www.rlhymersjr.com/Online_Sermons_Spanish/2012/0429
12PM_MuchLove.html

Aumenta nuestra energía espiritual cantar del amor de Cristo o pedirle más amor. ¿Por qué no elegir varias de nuestras canciones favoritas del amor de Cristo y usarlas como tema para nuestras oraciones? Si presta atención al consejo del salmista, *"Adoren al Señor con gozo. Vengan ante él cantando con alegría"* (Salmos 100:2; Nueva Traducción Viviente; usé ésta para que tenga la palabra "cantar"). Descubrirá que cantar es una gran ayuda para reforzar su vida de oración. Pronto estará alegrándose con el salmista, *"Cada mañana cantaré con alegría acerca de tu amor inagotable"* (Salmos 59:16 b; Nueva Traducción Viviente); *"¡Siempre cantaré del amor inagotable del Señor!"* (Salmos 89:1a; Nueva Traducción Viviente).

Ore para amar más a los demás

El amor no es estático sino dinámico. El amor debe aumentar no disminuir. Así oraba Pablo para que sus discípulos no sólo crecieran en el amor, sino que rebosaran de amor el uno por el otro y para con todas las personas:

"Y el Señor os haga crecer y abundar en amor unos para con otros y para con todos, como también lo hacemos nosotros para con vosotros" (1 Tesalonicenses 3:12).

"Y esto pido en oración, que vuestro amor abunde aun más y más en ciencia y en todo conocimiento" (Filipenses 1:9).

Con un estilo similar, Judas oraba por lo mismo,

"Misericordia y paz y amor os sean multiplicados"
(Judas 2).

Estas oraciones inspiradas por el Espíritu Santo son modelos maravillosos para orar por nosotros y por los demás.

Pablo se complacía en ver el crecimiento continuo del amor de los creyentes. La iglesia nueva establecida en Tesalónica era una luz brillante para el amor entre los cristianos. De hecho, vemos en esta iglesia una manifestación del *primer amor*. Sin embargo, Pablo los exhorta a que se destaquen aún más por este amor: *"Pero os rogamos, hermanos, que abundéis en ello más y más"* (1 Tesalonicenses 4:10). En su segunda carta a los tesalonicenses, Pablo reconoce con gozo: *"Debemos siempre dar gracias a Dios por vosotros, hermanos, como es digno, por cuanto vuestra fe va creciendo, y el amor de todos y cada uno de vosotros abunda para con los demás"* (2 Tesalonicenses 1:3). En su comentario de 1 y 2 Tesalonicenses, W. E. Vine y C. F. Hogg nos recuerdan que:

> El cristiano no debería descansar en ningún tipo de logro, por más grande que sea. Siempre debe intentar alcanzar la medida de Cristo.[16]

La razón por la que los creyentes no deberían nunca dejar de crecer en su capacidad de amar es porque esto es el fruto del Espíritu Santo y el Espíritu Santo quiere producir abundante fruto en nosotros (Gálatas 5:22). Él quiere que nosotros amemos como Cristo amó. No obstante, en la iglesia en Éfeso el fruto del amor se iba disminuyendo y apagando. Los creyentes estaban satisfechos en la forma que amaban a los demás. Pero, cuando un creyente deja de abundar en el fruto del amor, o cree que ya ama suficiente, está en camino a ser como la iglesia en Éfeso. Ya no estaban creciendo en el amor o produciendo un amor como el de Cristo.[17]

El crecimiento del amor no sucede de la noche a la mañana. Una vez escuché a un predicador del campo contando cómo él descubrió la capacidad ilimitada de amar. Cuando tenía un poco más de veinte años y era todavía un poco inmaduro, él y su esposa tuvieron su primer hijo. Amaba tanto a su bebita que no imaginaba poder tener otro hijo y amarlo igual, su hija era su vida. Llevaba una foto de su hijita a todos lados y se la mostraba a todo el mundo, estaba ansioso todo el día por llegar a su hogar para verla y tomarla en sus brazos. Él pensaba que no tenía más amor para dar.

Luego de un tiempo, su esposa le propuso tener otro hijo, él protestó y dijo: "Pero querida, no tengo más amor para dar. Volqué todo mi amor en nuestra niña pequeña. ¡No es posible amar aún más!"

Pero su esposa perseveró y un año después tuvieron un hermoso bebé varón. Rápidamente el padre descubrió que amaba a su nuevo bebé tanto como el primero. Ahora amaba a dos bebés por igual.

Pasado otro tiempo, su esposa volvió a decirle: "Deberíamos tener otro bebé". Él nuevamente protestó y dijo: "Cariño, no tengo más amor en mí. Amo a estos dos niños con todo el amor que tengo. No doy más de tanto amor".

> "La pura esencia del amor... es rebosar".
> —William Hendriksen

Su esposa perseveró y tuvieron otro niño. Cuando el tercer niño llegó su padre se dio cuenta que tenía una inmensidad de amor para darle. Él amó al tercero tanto como a los otros dos. Finalmente entendió que nunca se le acabaría el amor.

Lo mismo es cierto para nosotros. Como cristianos, con el Espíritu Santo que habita en nosotros, tenemos una inmensa capacidad para amar a otros, aun a nuestros enemigos o a aquellos que no nos aman y con los que no tenemos una buena relación. Tenemos el poder de amar como Jesucristo y de abundar en el amor a lo largo de nuestra vida. En su comentario William Hendriksen establece acertadamente este principio: "La pura esencia del amor... es rebosar".[18]

De todas formas, todos debemos admitir que el crecimiento del amor es una lucha. "Los mejores creyentes", escribe Maurice Roberts, "encuentran su progreso lento y sus logros escasos".[19] Por eso debemos orar continuamente para que Dios nos ayude. Pablo les dice a los creyentes tesalonicenses: *"Vosotros mismos habéis aprendido de Dios que os améis unos a otros"* (1 Tesalonicenses 4:9 b). Dios, que es fuente del amor, es también el mejor maestro de amor, y Él ha dado a su Espíritu el trabajo único de inspirarnos e incitarnos a amarnos unos a otros.[20]

Así que, ¿está su amor creciendo y rebosando? ¿o se está disminuyendo y apagando? Cuanto más reconocemos lo inherente y perversamente egoístas que somos, más reconocemos la necesidad que tenemos de orar y pedirle a Dios que nos ayude a amar. Mientras más entendemos las exigencias de Dios de amar, más nos damos cuenta de la necesidad de orar por un corazón con gozo en la obediencia. Mientras más nos damos cuenta que nuestro amor por Cristo y por los demás es insuficiente, más nos damos cuenta de nuestra necesidad de orar para amar más. Pídale a Dios que sea su maestro; pídale que le enseñe a crecer y abundar en amor. Pídale, y ¡sígale pidiendo!

El estar centrados en nosotros mismos es una batalla y demanda que confesemos y que oremos constantemente. La oración es uno de los medio claves por los cuales Dios trabaja en nosotros y cumple sus propósitos en nuestras vidas. Sólo a través de la oración y su gracia es que podemos crecer y abundar en amor y vencer nuestra naturaleza pecaminosa. Que las palabras solemnes de Maurice Roberts resuenen en nuestros oídos y nos lleven a orar:

> Cada cristiano acepte el deber de amar como Cristo con una completa seriedad. El trabajo de nuestra vida debe ser pedir que la ayuda celestial venga sobre nosotros para que podamos inclinarnos hacia el gran mandamiento de amarnos los unos a los otros.[21]

Orar fortalece el amor en las relaciones

La comunicación es esencial en una buena relación. Queremos estar cerca y hablamos regularmente con aquellos a quienes amamos. Por el contrario, la distancia y la comunicación poco frecuente daña la relación. Eso es verdad no sólo en las relaciones humanas sino también en nuestra relación con Dios.

Nadie jamás ha disfrutado una relación tan íntima con Dios como lo hizo Jesucristo quien fue un hombre sobresaliente en la oración. De la misma manera, el tiempo que nosotros pasamos en oración refuerza nuestra relación de amor con nuestro Padre celestial.

Quiero animarle inmensamente para que el orar por más amor sea una petición continua en su vida de oración.

A través de la oración, nos acercamos a Dios y entramos a su misma presencia. (Hebreos 4:16; 10:19). Por lo tanto, si quiere que su relación con Dios crezca, debe buscar su presencia, alabarle y leer su Palabra.

El amor por Dios lleva naturalmente a amar a los demás. Una forma de expresar nuestro amor hacia los demás es a través de la oración intercesora. Pablo amaba a sus seguidores y oraba por ellos día y noche. Jesucristo amaba a sus discípulos y oraba por ellos (Juan 17), y continua orando por nosotros.[22] La Biblia nos enseña que debemos expresar amor por nuestros enemigos orando por ellos (Mateo 5:44).

Entonces, orar es una muestra de "amor genuino" (Romanos 12:9,12). Una persona que crece en amor es alguien que ora por las necesidades de otros, y una persona que intercede por otros es alguien que crece en amor.

Quiero animarle inmensamente para que el orar por más amor sea una petición continua en su vida de oración.

Ore para conocer más del amor de Dios en Cristo. Ore para superar su amor por los demás. Ore con otras personas por el crecimiento del amor. En la reunión de oración de su iglesia o en los grupos de estudio bíblico, ore para amar más a Cristo y a los perdidos que sufren en este mundo. Es mi oración que: *"el Señor os haga crecer y abundar en amor unos para con otros y para con todos, como también lo hacemos nosotros para con vosotros"* (1 Tesalonicenses 3 :12).

Notas del Capítulo 2, Parte 2

[11] Roger Steer, *"George Müller: Delighted in God"* (Deleitado en Dios) (1975; reprint ed., Fern, Scotland: Christian Focus, 1997), 222.

[12] Comentando este pasaje, Martyn Lloyd-Jones escribe: "Nunca debemos caer en el error de imaginar que porque somos cristianos entonces sabemos todo sobre el amor de Dios. La mayoría de nosotros somos como niños chapoteando a la orilla de un océano;

abismo profundo en este amor de Dios del cual no sabemos nada. El apóstol ora para que los efesios, y nosotros también con ellos, podamos penetrar a lo profundo y descubrir aquello que nunca imaginamos" "The Unsearchable Riches of Christ" (Las inescrutables riquezas de Cristo), 207.

[13] Ceslaus Spicq comenta:"La vida entera de un cristiano consiste en aferrarse a su amor y a vivirlo" *"Agape In the New Testament"* (Agape 'amor' en el Nuevo Testamento), [London: Herder, 1965], 2: 373).

[14] Norman Grubb, C.T. Studd: *"Cricketer and Pioneer"* (Jugador de criquet y pionero), [Fort Washington, PA: Christian Literature Crusade, 1933], 132. C. T. El padre de Studd fue convertido bajo la predicación de D. L. Moody.

[15] John R. W. Stott, *"What Christ Thinks of the Church: An Exposition of Revelation 1-3"* (Lo que Cristo piensa de la Iglesia: Una exposición de Apocalipsis 1-3), [Grand Rapids: Baker, 2003], 33.

[16] C. F. Hogg and W. E. Vine, *"The Epistles to the Thessalonians"* (La Epístola a los Tesalonicenses) [Fincastle, VA: Bible Study Classics, n.d.], 123-124.

[18] William Hendriksen, *"Colossians and Philemon"* (Colosenses y Filemón), NTC [Grand Rapids: Baker, 1964], 158.

[19] Maurice Roberts, *"The Supreme Grace of Christian Love,"* (La suprema gracia del amor cristiano), [The Banner of Truth, February, 1989]: 3.

[20] Romanos 5:5; 15:30; Gálatas 5:22.

[21] Roberts, *"The Supreme Grace of Christian Love,"* (La suprema gracia del amor cristiano) 4.

[22] Romanos 8:34; Hebreos 7:25; 1 Juan 2:1.

Capítulo 3

Enseñe el amor

Durante el ministerio de Jesucristo aquí en la tierra, Él enseñó a sus discípulos nuevas verdades alentadoras acerca del amor. [23] Y durante las últimas horas antes de su muerte, en la última cena de Pascua, Jesucristo reveló sus enseñanzas más profundas acerca del amor.[24] Cristo sabía que si sus discípulos iban a sobrevivir sin Él y representarlo en este mundo, tenían que aprender a amarse unos a otros como Él lo había hecho con ellos.

Siguiendo el ejemplo de Cristo, los discípulos consideraban necesario enseñar y exhortar a las primeras iglesias acerca del amor. Ellos oraban fervientemente por sus seguidores para que crecieran en amor y les enseñaban con diligencia a vivir una vida de amor siguiendo el modelo de Cristo (Efesios 5:2). Por esto es que las cartas del Nuevo Testamento están repletas de instrucciones inspiradoras y exhortaciones desafiantes que nos llevan a amar aún más.

Los creyentes, aún en la actualidad, necesitan aprender cómo amar. Así como en los tiempos del Nuevo Testamento, necesitamos de un entrenamiento en los principios bíblicos del amor. Necesitamos una pasión para enseñar y obedecer todo el consejo de Dios para amar.

Necesitamos que nos exhorten para poner en práctica el amor, no sólo hablar de él. Necesitamos escuchar del amor desde los pasajes principales del Nuevo Testamento,[25] entonces, semejante instrucción bíblica dará como resultado una mejora significativa en nuestras iglesias locales. Los animo a que consideren los siguientes temas que se necesitan enseñar para fomentar el crecimiento del amor en nuestras iglesias.

Quince descripciones del amor

A menudo las personas cantan y hablan sobre el amor sin ni siquiera describir a lo que se refieren con decir amor. Una de las canciones más populares de los sesenta fue la canción de Los Beatles *"All you need is love"* ("Todo lo que necesitas es amor"). La palabra *amor* está repetida 39 veces a lo largo de la canción y la frase "todo lo que necesitas es amor" 12 veces. La canción es pegadiza y establece un punto claro: todos necesitamos amor. El problema es que la canción no nos dice a qué amor se refiere ni por qué necesitamos amor. Pero en la Biblia, Dios nos dice la verdad del amor, y esto es lo que la gente necesita escuchar y aprender.

En una época de "analfabetismo bíblico", los creyentes necesitan saber la verdad del amor, por ejemplo en las quince descripciones de 1 Corintios capítulo 13, el gran capítulo del amor en el Nuevo Testamento. Cuando estuve predicando en otro país recientemente, di varios mensajes basados en 1 Corintios 13:4-7. Cuando terminé de hablar, un hombre ya mayor, quien había sido uno de los predicadores líderes durante años, vino y me dijo que nunca había escuchado antes una serie de sermones dando quince descripciones del amor. Dada la importancia vital del amor y la necesidad de saber lo que el amor es, él pensó que la falta de enseñanza sobre el tema había sido un terrible descuido de parte de él como predicador.

Sin embargo, Dios no ha pasado por alto la importancia de enseñar esto. Por más que en la Biblia no haya una definición de diccionario formal del amor, describe en detalle lo que el amor hace y no hace (1 Corintios 13:4-7). También nos da como ejemplo el amor total y sacrificio de Cristo por la humanidad y su amor obediente hacia el Padre.

Las descripciones de amor en 1 Corintios 13 establecen el modelo ideal de amor. Este modelo de la Biblia es una prueba de las nociones del amor y nos instruye a conducirnos en una manera amorosa en el matrimonio, en la iglesia y la sociedad.

Los quince principios del amor pueden resumirse de la siguiente forma:

El amor es:

1) Sufrido
2) Benigno

El amor no es:

3) Envidioso
4) Jactancioso
5) Arrogante
6) Ofensivo
7) Egoísta
8) Irritable
9) Rencoroso

La equivalencia positiva:

Se alegra de las bendiciones de otros

Alaba y elogia a otros

Es humilde y recatado

Promueve el respeto y la pureza

Se ocupa de hacer el bien a otros

Es lento y tardo para la ira

Perdona

10) No se goza de la injusticia, mas
11) Se goza de la verdad

El amor

12) Todo lo sufre
13) Todo lo cree
14) Todo lo espera
15) Todo lo soporta

Entender y poner en práctica todo esto es tan importante que cada vez que me toca casar una pareja, ¡les encargo una tarea en el día de su boda! Les pido que tomen las primeras quince semanas de su matrimonio para estudiar las quince descripciones del amor, dedicando una semana para cada descripción. Durante cada semana deben estudiar, memorizar, meditar y conversar sobre las distintas maneras de implementar cada virtud del amor y evitar las características negativas como vicios o egoísmo. Esta tarea expande el conocimiento del verdadero amor a través de la Biblia y es totalmente útil para cualquier persona, ya sea soltera o casada.

El amor en la vida cristiana

Como vivimos en una sociedad que rinde culto a la autorrealización personal, individualismo absoluto, derechos personales, libertad y privacidad; es fundamental enseñar que nuestro deber primordial como cristianos es amar a Dios principalmente y más que a nadie.

Los cristianos necesitan una guía práctica y bíblica acerca de cómo es el amor por Dios y cómo debemos amar. Necesitamos saber que hay una conexión inseparable entre amar a Dios y obedecerle como una consecuencia del amor.[26]

Los creyentes necesitan saber que sus vidas deben estar caracterizadas por el amor incondicional de Cristo: *"Y andad en amor, como también Cristo nos amó, y se entregó a sí mismo por nosotros, ofrenda y sacrificio a Dios en olor fragante"* (Efesios 5:2). Nuestro diario andar debe seguir el ejemplo del amor costoso y sacrificado de Cristo: *"En esto hemos conocido el amor, en que él puso su vida por nosotros; también nosotros debemos poner nuestras vidas por los hermanos"* (1 Juan 3:16).

Según John Eadie, andar en amor significa que:

> Cada paso debe ser hecho con amor. El sentido y el curso de la vida debe ser caracterizado por el amor; —no sólo los domingos sino todos los días; no sólo en la iglesia sino en la casa, el trabajo...[27]

Benjamin B. Warfield también captura de manera concisa la profunda verdad de la vida cristiana y el amor cuando escribe: "El amor sacrificado es entonces lo que hace la esencia de la vida de un cristiano".[28]

La vida cristiana, entonces, debería caracterizarse por la obediencia a la Palabra de Dios y un sacrificio costoso para el bien de los demás. J. I. Packer provee una maravillosa recapitulación del amor y la vida cristiana:

> La medida y prueba de amor a Dios es una completa e incondicional obediencia... la medida y prueba de amor al prójimo es entrega de nuestras vidas por ellos... Este amor sacrificado implica dar, usar y aun empobrecer hasta el punto que otros alcancen su bienestar. [29]

Este es el tipo de vida cristiana que Dios quiere que tengamos. Se trata de imitar a nuestro Padre celestial, y por lo tanto, imitar el amor de su Hijo:

> *"Sed, pues, imitadores de Dios como hijos amados. Y andad en amor, como también Cristo nos amó, y se entregó a sí mismo por nosotros, ofrenda y sacrificio a Dios en olor fragante"* (Efesios 5:1-2).

El amor en el hogar cristiano

Aún entre los cristianos, existen muchos matrimonios que se divorcian y muchas familias destruidas, por lo tanto, es necesario enseñar que nuestro amor debe ser abnegado en el matrimonio y en el hogar. La Biblia dice que los esposos deben amar a sus esposas *"así como Cristo amó a la iglesia, y se entregó a sí mismo por ella"* (Efesios 5:25; Colosenses 3:19) y las mujeres mayores deben *"enseñar a las mujeres jóvenes a amar a sus maridos e hijos"* (Tito 2:4). Debemos enseñar claramente que el estándar que Dios establece para los esposos no es nada menos que el amor totalmente entregado de Cristo. *Por lo tanto el hogar cristiano debe caracterizarse por el amor generoso y apasionado de Cristo,—un amor que es iniciado por el esposo.*

Dos misioneros viajaron a una iglesia desolada en una isla del Pacífico para enseñar y animar a los creyentes. Cuando llegaron a la iglesia, los ancianos les pidieron que enseñaran acerca de la sumisión de las mujeres y la ropa adecuada que debían usar. Conociendo bien a la gente, los misioneros dijeron en lugar de eso: "Vamos a enseñar a los hombres cómo amar a sus esposas así como Cristo amó a la iglesia y se entregó a sí mismo por ella".

A pesar de que los ancianos en un principio consideraban innecesario enseñar esto, confiaron en el juicio de estos misioneros y pronto entendieron la sabiduría en primero enseñar a los hombres a amar a sus mujeres como Cristo amó a la iglesia. El egoísmo del esposo (ya sea expresado por dominio o pasividad) es a menudo uno de los principales problemas en el matrimonio. Así que en los planes de Dios, cuando el amor entregado y sacrificial de Cristo es evidente en la relación que el hombre tiene con su esposa, se establece un orden en toda la atmósfera del hogar cristiano.

> La medida y prueba de amor a Dios es una completa e incondicional obediencia... la medida y prueba de amor al prójimo es una entrega de nuestras vidas por ellos...
>
> —J. I. Packer

El matrimonio provee oportunidades diarias para cultivar el amor como el de Cristo (Efesios 5:25-33). Pone de manifiesto nuestro deplorable egocentrismo y la necesidad urgente de crecer en el amor como el del Señor. El hogar es la mejor área de prueba para el tipo de amor descrito en 1 Corintios 13:4-7. Es una situación trágica cuando algunos creyentes se muestran muy bondadosos y compasivos con la iglesia y el vecindario, pero no lo muestran con su cónyuge o sus hijos. Esto no debería ser así de ninguna manera. El amor empieza en casa. Por eso, lo aliento a hacer lo que algunos esposos y esposas hicieron (y lo han hecho con éxito debo admitir): ore específicamente por un amor como el de Cristo, para amar más a su cónyuge y a sus hijos.

El amor en la familia de la iglesia local

La familia de la iglesia local es una familia creada por Dios en la cual aprendemos a amarnos como Cristo nos amó. Deber ser una familia de hermanos y hermanas estrechamente unidos y quienes se comprometen a manifestar el amor de Cristo para amarse y preocuparse unos por otros. La norma de lo que es el amor está mejor explicado por Juan: *"En esto hemos conocido el amor, en que él puso su vida por nosotros; también nosotros debemos poner nuestras vidas por los hermanos"* (1 Juan 3:16).

Los creyentes no pueden animarse unos a otros a amarse si no se juntan regularmente como un familia espiritual debe hacerlo. Por eso el autor de Hebreos exhorta a sus lectores a pensar con creatividad en formas de *"estimularnos al amor"*[30] y les advierte acerca de no dejar *"de congregarnos, como algunos tienen por costumbre"* (Hebreos 10:25). Nuestro crecimiento en el amor no es un ejercicio individual. El amor requiere de un sujeto y un objeto; por lo tanto, es una experiencia de aprendizaje grupal. Crecemos en amor al comprometernos con otras personas, no aislados de ellas.

No podemos desarrollar nuestro amor estando sentado en casa solos, viendo predicaciones por televisión o yendo una sola vez por semana a la iglesia a escuchar un sermón de una hora. Es sólo a través de la participación en "la casa de Dios", la iglesia local (1 Timoteo 3:15), con todas sus debilidades y fallas, que el amor se enseña, se modela, se aprende, se pone a prueba, se practica y se perfecciona. Lidiando con personas difíciles, enfrentándose con conflictos dolorosos, perdonando las heridas e injusticias, reconciliándose con personas enemistadas y ayudando a miembros en necesidad, así es como el amor se prueba y se perfecciona.

> **La iglesia local es un verdadero "taller espiritual donde se ejercita el amor ágape".**
> —Paul E. Billheimer

No podemos crecer sin las presiones y tensiones de la vida de familia en la casa de Dios. La iglesia local es un verdadero "taller espiritual donde se ejercita el amor *ágape*" y "uno de los mejores laboratorios donde cada creyente puede descubrir su verdadero vacío espiritual y empezar a crecer en amor *ágape*".[31] Si no está participando como miembro en una iglesia local, entonces no está en la escuela del amor de Dios.

El amor y la iglesia local

Los cristianos deben saber que la responsabilidad del crecimiento del amor en la iglesia (o su falta de amor) no sólo está en manos de los líderes sino en cada uno de los miembros de esta familia. Cuando el escritor de Hebreos dice: *"Y considerémonos unos a otros para estimularnos al amor y a las buenas obras"* (Hebreos 10:24), él se refiere a toda la comunidad cristiana. De hecho, todos los mandamientos bíblicos que indican amarse unos a otros están dirigidos a toda la congregación, no sólo a unos cuantos líderes. Desde la perspectiva de los autores del Nuevo Testamento, cada miembro es responsable de animar, orar, exhortar, servir, reprender, enseñar, edificar, preocuparse y amar a los demás.[32] Es más, la Escritura nos enseña que todos los creyentes somos sacerdotes, santos y servidores de Dios.

Para hacer esta abrumadora tarea posible, Dios ha dado a cada creyente un don espiritual para usarlo en edificar el cuerpo de Cristo.[33] Cada miembro recibe poder para servir y cada uno tiene su parte que cumplir en la iglesia de Cristo. Entonces la iglesia crece cuando cada miembro participa cumpliendo con su rol para el crecimiento y edificación de la iglesia.

En la Biblia está claro cuáles son los dones y servicios

que deben ser ejercitados en el cuerpo de Cristo "en amor" y para el crecimiento saludable de la iglesia (Efesios 4:16).[34] Consecuentemente, el amor es un requisito indispensable en el don de cada creyente, en su trabajo y su relación con el resto de la congregación. Así que no se quede esperando que la gente le ame a usted; empiece a amar y a servir a otros. Le animo a que siga el ejemplo de Robert Cleaver Chapman quien dijo: "Mi tarea es amar a los demás, no buscar que los demás me amen a mí".[35] Ponga en práctica el principio del amor que dice: *"todas las cosas que queráis que los hombres hagan con vosotros, así también haced vosotros con ellos"* (Mateo 7:12 b). No descuide su responsabilidad de amar y estimular a otros al amor.

> **"Mi tarea es amar a los demás, no buscar que los demás me amen a mí".**
> —Robert C. Chapman

Amor por todas las personas

Muchos creyentes consideran erróneamente que son amorosos porque aman a las personas que son sus amigos cristianos y sus parientes. Aman a quienes se llevan bien con ellos y son parte de su círculo de amigos; sin embargo, si alguno tiene un problema con ellos o se va de su iglesia, ellos dejan de amarlo y empiezan a atacarlo. Jonathan Edwards describe a estos cristianos de la siguiente manera:

> Están llenos de hermosos afectos para unos, pero llenos de amargura para otros. Están unidos con sus propios amigos a quienes aprueban, aman y admiran; pero son enemigos de aquellos que se les oponen o les desagradan.[36]

Esto no es amor cristiano. Jesucristo enseñó que amar a quienes nos aman no es nada fuera de lo común. Es natural amar a los que son amigables y nos agradan, pero también Él dijo:

> *"Porque si amáis a los que os aman, ¿qué mérito tenéis? Porque también los pecadores aman a los que los aman"* (Lucas 6:32).
>
> *"Porque si amáis a los que os aman, ¿qué recompensa tendréis? ¿No hacen también lo mismo los publicanos? Y si saludáis a vuestros hermanos solamente, ¿qué hacéis de más? ¿No hacen también así los gentiles?"* (Mateo 5:46-47).

Cristo demanda de sus seguidores un amor divino sobrenatural, que perdona, reconcilia y soporta aquéllos que no nos aman, que nos persiguen, que nos odian, que están fuera de nuestro círculo de amigos, que no están de acuerdo con nosotros y con todas las personas del mundo. Este es el amor que nuestro Padre celestial ha manifestado y el amor que Jesucristo no llama a imitar.

Planee enseñar los principios del amor de Dios

La educación es esencial para fomentar el amor y el cambio en las actitudes y comportamientos. Si usted quiere que su iglesia local sea una iglesia que ame, que sea bondadosa e que imite el amor de Cristo, entonces debe hacer un plan de enseñanza completo de los principios del amor de Dios. Si quiere proyectar una visión para su iglesia que sea como Cristo desea que los hermanos se amen, hable sobre el amor más seguido. Advierta a los hermanos acerca del peligro de una iglesia fría. Enseñe la verdad de la Palabra de Dios y provea los principios del amor a seguir.

Alguien o algún grupo en la iglesia debe encargarse de hacer un plan para enseñar este tema, de lo contrario no sucederá por sí solo. Para hacer esto realidad, una iglesia tomó cuatro meses del verano para enseñar del amor. Llamaron al programa "Verano de amor" y enseñaron los pasajes principales que hablan del tema. Dedicaron un mes completo a enseñar 1 Corintios 13:4-7. Algunos respondieron a la enseñanza de Dios en su Palabra y la atmósfera de la iglesia comenzó a cambiar. ¡Qué emoción ser testigo del avivamiento del amor en una iglesia! Seamos fieles siguiendo el ejemplo de Cristo y los apóstoles y enseñemos a seguir *"un camino aun más excelente"* (1 Corintios 12:31 b).

Notas del Capítulo 3, Parte 2

---

[23] Matteo 5:43-48; 6:24; 10:37-38; 22:34-40; Marcos 12:28-34; Lucas 6:27-36; 10:25-42; Juan 13-17.

[24] Amor (ambos, el nombre *apagē* y el verbo *agapaō*) aparece treinta y tres veces en el último discurso de Cristo (Juan 13-17). En contraste, las palabras están doce veces en Juan 1-12.

[25] Matteo 5:43-48; 22:34-40; Juan 13:34-35; 1 Corintios 12:31-13:13; Romanos 8:35-39; 12:9-21; 13:8-10; 14:15; Efesios 3:18-19; 5:1-2, 25; 1 Juan 3:16-18; 4:7-5:3; Apocalipsis 2:4.

[26] Éxodo 20:6; Deuteronomio 10:12-13; 11:1, 13, 22; 19:9; 30:16, 19-20; Juan 14:15, 21, 31; 15:10; 1 Juan 2:5; 5:3; 2 Juan 6.

[27] John Eadie, *"Divine Love: A Series of Doctrinal, Practical and Experimental Discourses"* (Amor divino: una serie experimental de discursos doctrinales y prácticos) [1856; Birmingham, AL: Solid Ground Christian Books, 2005], 273.

28 Benjamin Breckenridge Warfield, *"The Emotional Life of Our Lord, in The Person and Work of Christ* (La vida emocional de nuestro Señor; en la persona y obras de Cristo), [Philadelphia: Presbyterian and Reformed, 1950], 64.

29 J. I. Packer, *Concise Theology* (Teología breve), [Wheaton: Tyndale, 1993], 181-182.

30 Comentando sobre Hebreos 10:24, Donald Guthrie escribe: "Parecería sugerir que el amarse unos a otros no sucederá automáticamente. Se necesita trabajar e insistir para lograrlo, lo mismo que con las buenas obras". *"The Letter to the Hebrews, TNTC"*, (La carta a los Hebreos), [Grand Rapids: Eerdmans, 1983], 215.

31 Paul E. Billheimer, *"Love Covers"* (El amor cubre), [Fort Washington, PA: Christian Literature Crusade, 1981], 34.

32 1 Corintios 12:25; Romanos 15:14; Gálatas 5:13; Colosenses 3:16; 1 Tesalonicenses 4:18; 5:11; Heb. 3:13; 10:24-25; Santiago 5:16; 1 Pedro 4:10; 1 Juan 4:7.

33 Romanos 12:6-8; 1 Corintios 12:1-31; 14:1-40; Efesios 4:7-16; 1 Pedro 4:10-11.

34 Comentando sobre Efesios 4:16, Peter T. O'Brien dice: "Claramente el cuerpo completo está involucrado en el proceso de edificar [la iglesia], no simplemente los líderes o los que tienen un ministerio especial.... 'La comunidad espiritual no se distingue por su gran posesión de dones por los cuales la energía divina fluye, sino que está marcada también por su naturaleza divina'. El amor entonces llega a ser el criterio de una imposición para un verdadero crecimiento de la iglesia. Aun la demostración más completa de dones no tiene valor espiritual si hay falta de amor (cf. 1 Corintios 13)" *"The Letter to the Ephesians"*, (La carta a los Efesios). PNTC [Grand Rapids: Eerdmans, 1999], 316.

35 Robert L. Peterson and Alexander Strauch, *"Agape Leadership: Lessons in Spiritual Leadership from the Life of R .C. Chapman"*. (Liderazgo ágape: Lecciones en liderazgo espiritual de la vida de R. C. Chapman) (Littleton, CO, Lewis and Roth, 1991), 21.

36 Jonathan Edwards, *"Religious Affections, ed. John E. Smith, in The Works of Jonathan Edwards, ed."*, (Afecto religioso, John E. Smith, en Las obras de Jonathan Edwards), [Perry Miller New Haven: Yale, 1959], 146.

Capítulo 4

Modele el amor

Nuestro Señor no es un teólogo abstracto que se sienta en una sala de clases pontificando de las grandes virtudes del amor. En lugar de eso, Jesucristo *"anduvo haciendo bienes"* (Hechos 10:38). Sanaba a los enfermos, alimentaba a multitudes y predicaba el evangelio a los pobres. Él trabajó hasta el cansancio ayudando a la gente y haciendo obras de compasión para el beneficio de los necesitados y en toda forma, su vida fue un ejemplo de de amor. Luego de haberles lavado los pies a sus discípulos con humildad, Jesús dijo: *"Porque ejemplo os he dado, para que como yo os he hecho, vosotros también hagáis"* (Juan 13:15).

Dios nos ha diseñado de tal forma, que desde nuestra infancia y a través de toda la vida imitamos a otras personas (¡quizás más de lo que nos gustaría admitir!). Entonces, como muchas veces aprendemos imitando a otros, es importante que enseñemos lo que la Biblia dice sobre el amor, pero también debemos ser un ejemplo de ese amor.

> **"Sed imitadores de mí, así como yo de Cristo"**
> 1 Corintios 11:1

Por eso los apóstoles fueron un ejemplo o un modelo del amor de Cristo, y Pablo convocaba a los cristianos a "ser imitadores de Dios" y a vivir una vida de amor como la de su Hijo, Jesucristo (Efesios 5:1-2).

Incentivamos a otros a amar con nuestro propio ejemplo y aprendemos más del amor cuando lo vemos realizado en las vidas de los demás. Pablo, por ejemplo, proveyó a los corintios con un ejemplo del amor de Cristo muy necesario para que ellos vieran e imitaran.[37] Por eso —sin ningún orgullo ni alarde de sí mismo— los animaba a *"Sed imitadores de mí, así como yo de Cristo"* (1 Corintios 11:1). Pablo también instruye a Timoteo a seguir su ejemplo de amor (2 Timoteo 3:10) y le anima a ser un ejemplo de amor para otros (1 Timoteo 4:12)

Sabiendo de nuestra necesidad de buenos modelos, Dios nos proveyó en su Palabra muchos ejemplos inspiradores de quienes podemos aprender a vivir una vida de amor. Uno de estos ejemplos es el rey David.

Un modelo bíblico de amor

Cuando un presidente recién electo o ministro toma posesión de su cargo, las primeras declaraciones u obras públicas simbolizan las prioridades de la nueva administración y agenda. En un país, por ejemplo, la primera declaración de un nuevo ministro fue una promesa de proteger los derechos del aborto, mientras que en otro país el nuevo líder oró por la nación. En una iglesia, un pastor prometió en su primer sermón de un domingo contratar al mejor pastor de jóvenes que el dinero podía pagar, mientras que un pastor de otra iglesia predicó en su primer sermón sobre el mensaje de la cruz de Cristo y dirigió a la congregación a participar de la cena del Señor. En cada caso, estos funcionarios revelan sus prioridades y su agenda por medio de sus primeras obras y declaraciones públicas.

En el Antiguo Testamento el rey David se destaca por ser un modelo del amor de Dios. ¿Cuáles fueron sus primeras obras? Luego de convertirse en rey de Israel (2 Samuel 5:1-5), él construyó una morada para el arca de Dios en Jerusalén.[38] David, con cientos de miles de adoradores, predicadores y levitas celebraba mientras llevaban el arca de Dios a Jerusalén:

> *De esta manera llevaba todo Israel el arca del pacto de Jehová, con júbilo y sonido de bocinas y trompetas y címbalos, y al son de salterios y arpas.* (1 Crónicas 15:28)
>
> *Y David danzaba con toda su fuerza delante de Jehová* (2 Samuel 6:14 a)

Su obra inicial fue llevar el arca a Jerusalén demostrando que sus grandes prioridades eran el amor hacia Dios, adoración a Dios y amor para la ley de Dios.

El arca de Dios era el objeto más sagrado en la adoración de Israel. Simbolizaba la presencia de Dios (YHWH) Dios de Israel. Por casi cien años, el arca había sido totalmente abandonada. Saúl, el primer rey de Israel, descuidó el arca de Dios y el bienestar espiritual de la nación (1 Crónicas 13:3). Pero David, quien pasó a ser rey, deseaba que la presencia de Dios estuviese en el centro de la nación y que la adoración a Dios fuese la prioridad principal de la nación, por eso quiso que el arca fuese mantenida en un lugar permanente en Jerusalén.

David no estaba solo llevando el arca a Jerusalén, sino

que llenó la ciudad de músicos y canciones de alabanza. Organizó a los predicadores y levitas y los puso a todos a trabajar para servir y adorar a Dios. Designó músicos para el templo y cantores que *"alzasen la voz con alegría"* (1 Crónicas 15:26). El ejemplo del amor a Dios de David trajo reforma espiritual, avivamiento y renovación para el pueblo de Israel.

David también expresó su amor a través de muchos poemas y canciones de adoración a Dios. Su alabanza era alegre y desbordante. Sus salmos no eran sólo meditaciones privadas; eran inspirados por el Espíritu Santo para ayudar a los hijos de Dios a adorarlo en privado y en público, recitando una canción. La vida de David y sus salmos suministran inspiración y enriquecimiento que fomenta un amor más profundo para Dios.

Biografías de cristianos

Además de seguir los ejemplos de los héroes de la fe en la Biblia (Hebreos 11), podemos cultivar el amor en una forma práctica leyendo biografías de fieles creyentes, animando a otros a leerlas, especialmente a los jóvenes. En el corazón de estas biografías, encontramos un mensaje de amor para Dios.

Cuando era un adolescente, trabajé en un retiro espiritual de verano. Mientras estaba allí, me pidieron que leyera unas biografías. Las primeras dos fueron las de Hudson Taylor, fundador de "the China Inland Mission" (Misión en la China) la cual ahora se llama "Overseas Missionary Fellowship" (Compañerismo Misionero), y la biografía de George Müller, fundador del hogar de niños "Ashley Down" en Bristol, Inglaterra.[39] Su completa devoción a Dios, su pasión por la gente perdida y su ejemplo de sacrificio permanecen todavía en mi mente como testimonio del amor cristiano. Su ejemplo no sólo ha sido una poderosa influencia para mi propia vida sino también para la vida de otros. Me ha asombrado el descubrir cuántos hombres y mujeres sobresalientes han sido transformados por leer las biografías de Taylor y Müller y de cristianos como Amy Charmichael, Jim Elliot, Luis Palau, Billy y Ruth Graham, Francis y Edith Schaeffer.

Otras dos biografías que han tenido una influencia especial en mi vida y que me han ayudado a pensar más en el amor son: *L' Abri* y *Brother Indeed*, (Hermano de verdad).

L' Abri es la historia de Francis y Edith Schaeffer quienes pusieron una casa en el pueblo de Huemoz en los Alpes suizos para aquellos estudiantes y personas que viajaban por todo el mundo y buscaban respuestas a importantes cuestiones filosóficas y teológicas de la vida.[40]

Los Schaeffer habían observado iglesias donde la gente se peleaba por la doctrina ortodoxa pero fallaban en demostrar amor. Así que en *L' Abri* ellos buscaron presentar una enseñanza bíblica e histórica de una comunidad donde el amor era notable. El tema más importante de los Schaeffer era que el amor es practicable, costoso y notable, el amor sobrenatural de Dios era vivido momento tras momento en la vida diaria de estos creyentes del siglo veinte.[41]

La otra biografía que cambió totalmente mi visión con respecto al amor fue **Brother Indeed** (Hermano de verdad), que es la historia de Robert Chapman.[42] Chapman dejó su profesión como abogado en Londres para ser pastor en una pequeña iglesia bautista en Barnstaple, Inglaterra. Esta iglesia pendenciera había pasado por tres pastores antes de su llegada. La historia de cómo Chapman con su amor, paciencia y enseñanza bíblica, cambió completamente esta iglesia donde todos se peleaban, es un relato que inspira al amor en el liderazgo. Al final de su vida, cuando tenía 99 años, Chapman se había hecho tan conocido por la disposición de su amor y sabiduría que una carta del exterior cuya dirección era solamente "R. C. Chapman, Universidad del amor, Inglaterra" fue correctamente enviada a su hogar. Oremos para que nuestras iglesias lleguen a ser conocidas como "Universidades del amor".

Los líderes de la iglesia local

Las biografías son buenas, pero la gente también necesita de vidas ejemplares a las cuales puedan ver y escuchar en su propio hogar o iglesia. Una de las necesidades más grandes de nuestras iglesias hoy es el tener ejemplos vivos de un amor como el de Cristo. Una iglesia es bendecida cuando tiene líderes que son modelos del amor para Dios y para las personas. Tales líderes se deleitan en adorar y alabar con canciones a Dios. Ellos oran fielmente por los demás, visitan a los enfermos, se preocupan por los necesitados, evangelizan, enseñan la Palabra de Dios y sacrifican su tiempo y dinero por los demás.

Los líderes son los que dan el tono a la comunidad eclesial. Si los líderes aman, los creyentes amarán. Si ellos son atentos, amables y cariñosos los hermanos seguirán su ejemplo. Si ellos sensibilizan a la congregación acerca de las necesidades de otras personas y establecen una organización donde las personas puedan servir a los miembros en necesidad (Hechos 6:1-7), ellos responderán. Si crean un ambiente de amor y mantienen su responsabilidad y ayudan a otros a mantenerla, la congregación va a prosperar espiritualmente y muchos imitarán su ejemplo. Esto también puede animar a otras iglesias a ser alentadas a un amor mayor (1 Tesalonicenses 1:7).

La mayoría de los cristianos anhelan ver vivir auténticos ejemplos del amor cristiano. Cuando le pregunté a una mujer, quien era conocida por ser muy amorosa y generosa al servir a otros, cómo había aprendido a amar tanto, ella me dijo que fue criada en una iglesia donde los pastores amaban y eran bondadosos con la congregación. Usted puede ser ese ejemplo para las personas que están a su alrededor. Quizás no es un predicador o un erudito, pero puede tener un impacto significante en las personas por el hecho de ser un ejemplo y vivir el amor de Cristo. Usted puede hacer el cambio e iniciar el crecimiento de amor en su iglesia. "Hay muchos que predican a Cristo", dijo Chapman, "pero no muchos viven a Cristo. Mi mayor objetivo será *vivir* a Cristo".[43] Este también puede ser el objetivo de su vida.

> "Hay muchos que predican a Cristo, pero no muchos viven a Cristo. Mi mayor objetivo será vivir a Cristo".
>
> —Robert Chapman

Los padres

Experimentamos la ternura del amor de nuestros padres y abuelos; ellos tienen grandes oportunidades para enseñar y ser modelos del amor de Dios para con los niños y adolescentes que son tan influenciables. El amor de nuestros padres o su falta de amor tiene un enorme impacto en nuestro desarrollo mental, emocional y espiritual. Ciertos estudios han mostrado que los niños criados en orfanatos donde los dejan en sus cunas durante todo el día, sin amor, sin caricias, sin afecto y sin interacción sufren problemas físicos, emocionales y mentales de trágicos efectos para toda la vida.

De la misma manera que ese amor es importante en nuestro desarrollo como personas, también es importante en el desarrollo de la iglesia. Si los padres cristianos aman a sus hijos con un amor como el de Cristo, sus niños tendrán una buena salud mental, emocional y espiritual. Pablo, por ejemplo, le recuerda a Timoteo la influencia espiritual que su abuela Loida y su madre Eunice habían tenido sobre su fe y ministerio (2 Timoteo 1:5; 3:15).[44]

Si los padres cristianos muestran amor, están dispuestos a servir y a evangelizar, sus hijos, en la mayoría de los casos harán lo mismo y seguirán su ejemplo. Muchos de los líderes y hermanos que trabajan hoy en las iglesias han tenido padres que con sacrificio amaron y sirvieron a sus hermanos en la fe. Ellos vieron a sus padres servir con amor y han seguido este ejemplo. Un gran número de misioneros son hijos de misioneros y en algunos casos la cuarta o quinta generación de misioneros están sirviendo hoy.[45]

Si quiere enseñar y cultivar el amor en su iglesia, debe empezar en su hogar, con sus hijos y nietos. Dios quiere que sea un ejemplo de su amor en su familia. La gente alrededor suyo necesita urgentemente ejemplos vivos del amor cristiano, y recuerde que usted puede ser ese ejemplo. El amor es el primer fruto del Espíritu Santo que Dios quiere producir y hacer crecer en su vida (Gálatas 5:22). No se resista ante su incentivo; responda en obediencia al Espíritu Santo que le guía a amar como Cristo amó. Como Pablo le dijo a Timoteo: *"sé ejemplo de los creyentes en...amor"* (1 Timoteo 4:12).

Notas del Capítulo 4, Parte 2

[37] Vea también 1 Corintios 4:6, 16-17; 7:7; Gálatas 4:12; Filipenses 3:17; 4:9; 1 Tesalonicenses 1:6; 2 Tesalonicenses 3:6-9.

[38] 2 Samuel 5:6-9; 6:1-15; 1 Crónicas 13:1-6.

[39] Para una biografía actualizada de Roger Steer, *"George Müller: Delighted in God"* (George Müller: Deleitado en Dios), nueva edición, [1975; reprinted., Fearn, Scotland: Christian Focus, 1997]. Roger Steer, *"J. Hudson Taylor: A Man in Christ"* (J. Hudson, un hombre en Cristo) [Wheaton: Harold Shaw, 1993]. El historiador Kenneth Scott Latourette escribe, "Hudson Taylor fue...uno de los más grande misioneros de todos los tiempos, y....uno de cuatro o cinco extranjeros de más influencia en todo sentido de los que vinieron a China en el siglo diecinueve... *"A History of Christian Missions in China"* (Una historia de las misiones cristianas en China), [1929; reprinted, New York: Russell & Russell, 1967], 382).

[40] Edith Schaeffer, *L'Abri* (Wheaton: Crossway, 1992).

[41] Francis A. Schaeffer, *"The Mark of the Christian"* (La marca del cristiano), [Downers Grove: InterVarsity, 1970].

[42] Frank Holmes, *"Brother Indeed: The Life of Robert Cleaver Chapman"* (Hermano de verdad: La vida de Robert Cleaver Chapman) [London: Victory Press, 1956]. Para una biografía más reciente vea Robert L. Peterson, *"Robert Chapman"*. [Littleton, CO: Lewis and Roth, 1995]. Para un sumario corto de la vida de Chapman y algunas de sus extraordinarias formas en que trató con la gente, vea Robert L. Peterson y Alexander Strauch, *"Agape Leadership: Lessons in Spiritual Leadership from the Life of R. C. .Chapman"* (Liderazgo ágape: Lecciones en liderazgo espiritual de la vida de R. C. Chapman), [Littleton, CO: Lewis and Roth, 1991].

[43] Peterson y Strauch, *"Agape Leadership"* (Liderazgo ágape), 14.

[44] Deuteronomio 4:9; 6:7, 20-25; Salmos 78:5-8; Éxodo 10:2; 12:26-27; 13:8-10.

[45] Por ejemplo, *"The Taylor family of China"* (La familia Taylor de la China) Herbert H. Taylor, Maria Coulthard Taylor, J. H. Taylor II, J. H. Taylor III, J. H. Taylor IV; *"The Bell-Linton family of Korea"* (La familia Bell-Linton de Corea),[Eugene and Lottie Bell, Charlotte Bell

Linton, Hugh Linton, and actualmente Stephen, John, James, and Andrew Linton); y *"The Torrey family"* (La familia Torrey), R. A. Torrey, evangelista con D. L. Moody, R. A. Torrey II de la China, R. A. Torrey III de Corea, y actualmente Ben Torrey de Corea.

Capítulo 5

Proteja el amor

Cultivar el amor en la iglesia debe incluir el aspecto negativo de proteger y estar alerta en cuanto a los peligros que pueden poner en riesgo nuestro amor por Dios y por nuestro prójimo. Debemos amar lo que es correcto para tomar medidas preventivas cuidando de no perder el amor. Por ejemplo, Juan, el apóstol, dice a sus lectores: *"No améis al mundo, ni las cosas que están en el mundo. Si alguno ama al mundo, el amor del Padre no está en él"* (1 Juan 2:15), también encontramos esta advertencia en Santiago 4:4 y 2 Corintios 6:14-7:1.

Cuando pienso lo que significa proteger nuestro amor, me viene a la mente la publicidad de un vestido de novia. En la publicidad se ve una novia hermosa mirando su vestido con admiración. Debajo dice "Ámalo a él, pero ama más a tu vestido". Creo que esta frase contiene la tentación que experimentamos a veces en nuestro amor por Cristo. Lo amamos a Él, pero ¿amamos más nuestras posesiones materiales o las bendiciones que Cristo nos da? Estamos dispuestos a "amar a Cristo, pero amamos más nuestro hogar"? ¿Amamos más nuestro dinero y la seguridad que el dinero nos da"? ¿Amamos más nuestros negocios"? ¿Amamos más nuestro ministerio"? Esta tentación de amar algo más que a Cristo está siempre presente, por eso, debemos estar vigilantes protegiendo nuestro amor por Cristo.

Un verdadero creyente ama a Cristo porque no amarlo significa que no es un creyente. El Espíritu Santo, que nos regenera y mora en nosotros, nos mueve a amar a Cristo. Como cristianos, sin embargo, podemos actuar egoístamente y desobedecer. Podemos dejar que nuestro amor se enfríe o se debilite por el abandono, el pecado, las distracciones del mundo o las falsas enseñanzas (2 Corintios 11:2-4). Por eso debemos aprender a proteger nuestro amor por Cristo.

Proteja su amor por Cristo

En este mundo, tan hostil hacia Cristo, miles de aspirantes compiten por nuestro amor. Es por eso que la Biblia dice: *"Conservaos en el amor de Dios"* (Judas 1:21).

Por eso Jesucristo instruyó a sus discípulos: *"Permaneced en mi amor. Si guardareis mis mandamientos, permaneceréis en mi amor; así como yo he guardado los mandamientos de mi Padre, y permanezco en su amor"* (Juan 15:9-10).

Cada uno de nosotros debe hacer un esfuerzo consciente en todo momento para guardar nuestra relación de amor con Cristo y permanecer en su amor obedeciendo su Palabra.

María de Betania, la hermana de Lázaro, es un ejemplo bíblico de un cristiano que con diligencia protegía su amor por Cristo por sobre todo lo demás. Mientras Jesucristo iba a visitar a sus amados amigos Marta, María y Lázaro, Lucas nos cuenta que Marta *"se preocupaba con muchos quehaceres"*, pero María *"sentándose a los pies de*

Jesús, oía su palabra" Lucas 10:39-40). Sin duda que anteriormente María había estado en la cocina trabajando con Marta, pero se retiró para pasar tiempo con el Señor Jesús y escuchar sus enseñanzas. Esto hizo que Marta se quejara: *"Señor, ¿no te da cuidado que mi hermana me deje servir sola? Dile, pues, que me ayude"* (Lucas 10:40).

> **"Permaneced en mi amor. Si guardareis mis mandamientos, permaneceréis en mi amor".**
>
> —Juan 15:9-10

Las dos hermanas amaban a Jesucristo, pero María eligió el curso de acción que la llevaría a enriquecer su relación con Jesús; pero Marta no lo hizo. Entonces, respondiendo a Marta, Cristo hace una clara distinción:

*"Marta, Marta, afanada y turbada estás con muchas cosas. **Pero sólo una cosa es necesaria**; y María ha escogido **la buena parte**, la cual no le será quitada"* (Lucas 10:41-42; letra negrita agregada).

Muchos de nosotros somos hasta cierto punto como Marta. Nos distraemos fácilmente por nuestro trabajo. Nos ponemos ansiosos por muchos detalles de la vida y dejamos de pasar tiempo con Cristo. Marta amaba a Jesucristo pero se preocupaba tanto por su trabajo *para* el Señor que ni siquiera tenía tiempo para disfrutar de *estar con* el Señor, y esto es lo primero que Cristo deseaba de ella. Su buena voluntad de servir a Cristo en realidad le quitó el interés de estar en su presencia. En lugar de estar alegre ella se enojaba y se frustraba y no sólo con María sino también con Jesús.

Por el contrario, María sabía cuándo dejar sus cosas a un lado y pasar tiempo con el Señor. Ella le daba el primer lugar a Cristo y luego a su trabajo y prefirió dejar las cosas por hacer y escuchar las palabras de Jesús y cultivar su amor por Él.

Qué importante es para nosotros acordarnos de esta aclaración que hizo el Señor:

"Sólo una cosa es necesaria".

Cuando leemos la Palabra de Dios es como si estuviésemos sentados a los pies de Jesucristo escuchando sus maravillosas enseñanzas. Jesucristo mismo nos dice que todas las Escrituras hablan de Él. [46] No podemos amar a Cristo si no lo conocemos; y aprendemos a conocer a Cristo por medio de las Escrituras que lo revelan. No podemos proteger nuestro amor ni crecer en amor si no pasamos tiempo con Él leyendo su Palabra regularmente. Así que la pregunta es: ¿Qué es lo que le está distrayendo para pasar tiempo a los pies de Jesucristo escuchando sus palabras?

Es fácil estar demasiado ocupados y no tener tiempo para Dios, ni tiempo para orar y leer su Palabra. El director de una organización de misiones mundiales reconoce este riesgo y en su escritorio tiene un cartel que dice: "Ten cuidado con la aridez de una vida ocupada". Es difícil alcanzar un equilibrio pero debemos reconocer el riesgo de estar *"preocupados con muchos quehaceres"* (Lucas 10:40).

No podemos amar a Cristo si no lo conocemos; y aprendemos a conocer a Cristo por medio de las Escrituras que lo revelan.

También es muy fácil distraernos del amor de Dios por

el amor al deporte, a la prosperidad económica, al avance de la carrera o el negocio, a la televisión o a las películas. Cuando alguna de estas cosas gobierna la vida o demanda el corazón, el alma y las fuerzas, roban el tiempo que debemos dedicar para Cristo. Estas cosas pueden convertirse en ídolos modernos y cargas pesadas que hacen que vayamos más lento e impiden que corramos la carrera que tenemos por delante (Hebreos 12:1-2). Las cosas buenas pueden volverse malas cuando extraen nuestro tiempo y desvían nuestra atención de Cristo. Que la oración de Samuel Rutherford, un verdadero hombre de Dios, pueda ser nuestra propia oración: "Estaría completamente contento y satisfecho si Cristo rompiera en pedazos todos mis ídolos: me ayudaría a reconocer el amor pobre y desabrido que tengo por Cristo".[47]

Ten cuidado con la aridez de una vida ocupada.

Ninguno está exento de la tentación de descuidar su amor por Cristo. En la carta de Pablo a Timoteo, él escribe que Demas, un compañero en la predicación del evangelio, lo abandonó porque *"amaba a este mundo"* (2 Timoteo 4:10). El amor por las posesiones y las comodidades quitaron la atención de Demas para servir a Cristo y sufrir a causa del evangelio. Demas no permaneció en el amor de Cristo (Juan 15:9-10); no protegió su amor por Cristo.

David Gooding, profesor titular de la facultad "Greek at Queens" en Belfast, Irlanda, nos recuerda que debemos hacer una deliberada y consciente elección de la "buena parte" en la vida la cual no nos será quitada:

> No podemos hacer todo, no hay suficiente tiempo. Como María, por lo tanto, tendremos que saber elegir deliberadamente. Los asuntos de la vida no se

acomodarán solos en un orden de prioridades. Si no insistimos conscientemente en "sentarnos a los pies de Jesucristo y escucharle" que es nuestra necesidad primordial, miles de otras cosas y opciones reclamarán ser necesarias, todas diciendo ser una prioridad, y tomarán nuestro tiempo y energía y nos robarán la "buena parte" de nuestra vida.[48]

Podemos elegir otras cosas, sólo después de haber ordenado las prioridades correctas que debemos tener en nuestras vidas. En este devocional clásico *"My Utmost for His Highest"* (En pos de lo supremo) de Oswald Chambers se establece la única prioridad correcta que debe guiarnos y guardarnos:

> Jesús enseñó que un discípulo debe tener su relación con Dios como lo que domina y es el centro de su vida, y puede ser perfectamente descuidado en cualquier otra cosa.[49]

Proteja su amor por las personas

Si debemos proteger nuestro amor por Cristo, entonces también debemos proteger nuestro amor por las personas. Sólo el Espíritu Santo que nos mueve a amar a Cristo nos motiva a amar a otros y sacrificarnos por ellos. Pero como hemos visto, los cristianos pueden ser egoístas y desobedecer la Palabra de Dios.

> **Parece que el amor en muchos corazones se ha ido a dormir**
>
> —Henry Moorhouse

"Un mandamiento nuevo os doy:
Que os améis unos a otros;
como yo os he amado"
(Juan 13:34).

Como escribió Henry Moorhouse, un predicador del siglo dieciocho en una carta a su amigo: "Parece que el amor en muchos corazones se ha ido a dormir".[50]

Cuando dejamos que el amor se duerma, nos enfriamos y nos volvemos insensibles hacia la gente. Amamos las cosas materiales, las comodidades personales y nuestro trabajo más que a las personas. Nos volvemos amargos porque nuestros sentimientos han sido heridos. Nos cansamos de ayudar y servir a personas egoístas y desagradecidas. Nos conformamos con amar a las personas que son agradables y que nos responden con amor. Nos volvemos perezosos pensando que ya amamos lo suficiente descuidando nuestra responsabilidad de amar a las personas desagradables y conflictivas. Como el levita y el sacerdote en la historia del Buen Samaritano, nos volvemos indiferentes a los sufrimientos de otros.

Por más que sepamos que "el amor es la joya entre las bendiciones de la vida cristiana",[51] es muy fácil olvidar nuestro deber y abandonar el esfuerzo de intentar amar como Cristo lo hizo. Maurice Roberts capta la diferencia entre lo que nosotros sabemos del amor y cómo vivimos y cumplimos con sus demandas:

> Nosotros vemos la encarnación del amor de Dios en la figura de Cristo. Vemos a Cristo cuando primero lavó los pies a sus discípulos y luego asciende a la cruz para lavar sus almas. Pero pronto el recuerdo de este amor trascendental se desvanece de nuestros pensamientos y nuevamente nos encontramos volviendo a nuestros viejos hábitos en búsqueda de interés personal. No en vano el profeta exclamó: "¡*Ay de mí!*" (Isaías 6:5) y el apóstol: "¡*Miserable de mí!*" (Romanos 7:24). [52]

Así que cuando sintamos que el amor se está yendo a dormir, tomemos medidas correctivas inmediatamente. Mientras más esperamos, más duro será despertar un espíritu de amor. Leamos las Escrituras para que reaviven nuestra alma dormida. Oremos para que haya en nuestra vida un fresco despertar de gratitud por la gracia libre y gratuita de Dios y por el sacrificio de Jesucristo en la cruz del Calvario.^{53} Oremos fervientemente para que el Señor nos llene de nuevo con el primer fruto del Espíritu Santo, que es el amor (Gálatas 5:22; Efesios 5:18).

Arrepintámonos de cualquier pecado que apague nuestro amor por Dios y por las personas. Dejemos de pensar tanto en nosotros mismos y sigamos los ejemplos de aquéllos que fueron modelos del amor que Dios desea. Nuestro primer deber como cristiano es amar a Dios y al prójimo. Comencemos a realizar obras para ayudar a los demás y a orar para que pronto la alegría y el deseo de amar a otros fluya.

Para aquéllos que se desviaron y se han olvidado de amar como Dios espera de cada uno de nosotros, Jesucristo dice que deben despertarse y recordar de dónde han caído, arrepentirse y hacer las obras que hacían primero (Apocalipsis 2:5). Si queremos evitar llegar a ser como los creyentes en Éfeso que tuvieron que arrepentirse por su falta de amor, prestemos atención a este consejo práctico de Jonathan Edwards:

> "Un cristiano debería en todo momento mantener una firme barrera en contra todo lo que pueda derribar, corromper o debilitar un espíritu de amor".
>
> —Jonathan Edwards

Un cristiano debería en todo momento mantener

una firme barrera en contra de todo lo que pueda destruir, corromper o debilitar un espíritu de amor. Lo que impide amar a las personas, impide el ejercicio de amar a Dios...si el amor es la esencia del cristianismo, entonces todas aquellas cosas que destituyen el amor son sumamente desfavorecedoras para los cristianos.[54]

No dejemos que nuestro amor se duerma, estemos espiritualmente despiertos. *"Conservaos en el amor de Dios"* (Judas 1:21). En todo momento mantenga una firme barrera contra todo lo que pueda derribar, corromper o debilitar un espíritu de amor

Notas del Capítulo 5, Parte 2

[46] Juan 5:39, 46; Lucas 24:27, 44; Deuteronomio 8:3.

[47] Samuel Rutherford, *"The Loveliness of Christ: Extracts from the Letter of Samuel Rutherford"* (La hermosura de Cristo: Resumen de las cartas de Samuel Rutherfor), [1909; reprint, ed., Edinburgh: Banner of Truth, 2008], 86.

[48] David Gooding, *"According to Luke: A New Exposition of the Third Gospel"* (Según Lucas: Una nueva exposición del tercer evangelio), [Grand Rapids: Eerdmans, 1987] 216.

[49] Oswald Chambers, *"My Utmost for His Highest"*, (En pos de lo

supremo) [New York: Dodd, Mead & Company,1935], 142 (the selection for May 21).

[50] Macpherson, Henry Moorhouse, 117.

[51] Roberts, *"The Supreme Grace of Christian Love,"* (La suprema gracia del amor cristiano) 4.

[52] Roberts, *"The Supreme Grace of Christian Love,"* (La suprema gracia del amor cristiano) 4.

[53] Jerry Bridges provee siempre un consejo bíblico sano y sólido para que mantengamos amor y santidad, cuando dice que deberíamos predicarnos el evangelio a nosotros mismos cada día. *"The Discipline of Grace: God's Role and Our Role in the Pursuit of Holiness"* (La disciplina de la gracia: la parte de Dios y la parte nuestra en la búsqueda de la Santidad) [Colorado Springs: NavPress, 1994], 45-60; *"The Gospel for Real Life: Turn to the Liberating Power of the Cross...Every Day"* (El evangelio para la vida real: Volver al poder libertador de la cruz...cada día.) [Colorado Springs: NavPress, 2003].

[54] Jonathan Edwards, *"Charity and Its Fruits,"* (La caridad y su fruto) 23.

Capítulo 6

Practique el amor

Estudiar del amor es emocionante, aprender doctrinas acerca del amor es instructivo, orar por amor es conmovedor y ver el amor en ejemplos de personas es motivador, pero nuestro deber es obedecer y amar a Dios, y con sacrificio servir a otras personas. Debemos ser practicantes del amor no teóricos, debemos ser hacedores de amor no habladores. Necesitamos forjar una conexión entre palabras y acciones.

Teniendo en cuenta lo fácil que es hablar acerca del amor, pero no caminar el camino del amor, el apóstol Juan advierte:

*"Pero el que tiene bienes de este mundo y ve a su hermano tener necesidad, y cierra contra él su corazón, ¿cómo mora el amor de Dios en él? Hijitos míos, **no amemos de palabra ni de lengua, sino de hecho y en verdad"*** (1 Juan 3:17-18; letra negrita agregada).

Pablo también exhorta a sus lectores a practicar el amor genuino: *"El amor sea sin fingimiento"* (Romanos 12:9a). Luego de declarar el tema del amor sincero y genuino, él continua dando una lista de hechos y actitudes para ponerlos en práctica (Romanos 12:9-21). Y por supuesto, espera de sus lectores que obedezcan sus instrucciones y no sólo hablen de las cualidades virtuosas del amor.

También Santiago advierte sobre el peligro de ser un simple oidor o admirador del amor más que hacedor (Santiago 1:22-25). Sólo el que hace es bendecido, no el que solamente se sienta en la iglesia, escucha el mensaje, se va y olvida lo que escuchó. Santiago además nos recuerda que *"la fe sin obras es muerta"* (Santiago 2:26).

Como es más fácil hablar el idioma del amor que vivir la realidad del amor, los apóstoles tenían que recordar y exhortar continuamente a los creyentes a practicar el amor que ellos profesaban. Lo mismo debemos hacer hoy, tenemos que practicar el amor como el de Cristo y exhortarnos unos a otros a cumplirlo.

El amor divino lleva un fruto práctico (Gálatas 5:22). Nos incita a un servicio de sacrificio (Gálatas 5:13), a la bondad (1 Corintios 13:4) y al agotador trabajo por las necesidades de otros (1 Tesalonicenses 1:3). "El *verdadero* amor por los demás", dice John Stott, "lleva a trabajar por ellos, de lo contrario se degenera en mero sentimentalismo".[55] No amar *"en hecho y en verdad"* sería desobedecer los mandamientos de Cristo de amar a Dios, a nuestro prójimo, a nuestros hermanos en la fe, a nuestros enemigos y a todas las personas.

> La obediencia a los mandamientos de Cristo acerca de amar provoca el crecimiento real del amor.

Debemos recordar que los mandamientos bíblicos exigen nuestra obediencia y acción; no son fuertes sugerencias, sino órdenes directas del Rey.

En la Escritura, el amor y la obediencia son compañeros inseparables.[56] La obediencia a los mandamientos de Cristo acerca de amar provoca el crecimiento real del amor. La desobediencia produce un desgaste del amor. Por lo tanto, cultivar una atmósfera de amor en la iglesia tiene una relación directa con la creación de un ambiente de obediencia a la Palabra de Dios y al Espíritu. Según el comentario bíblico de Alexander Ross: "El amor no es una emoción del momento o algo que hacemos sólo cuando nos sentimos predispuestos; es un deber que Dios nos exige en todo tiempo, y como hijos de Dios, sin duda debemos obedecer a nuestro Padre celestial".[57]

Entonces, como el amor "es un deber que Dios nos exige en todo tiempo", *necesitamos entregarnos de nuevo a la obediencia práctica de los principios del amor de Cristo.* Así como en el matrimonio, el novio y la novia se comprometen a amarse en los tiempos buenos y en los malos, nuestro amor por Dios y el prójimo debe ser un compromiso a pesar de las circunstancias o cambio de los sentimientos. Si queremos amar como Cristo amó debemos comprometernos a amar (Efesios 5:2; 1 Juan 3:16). Si queremos buscar el amor, dediquémonos a la búsqueda del amor en la Biblia (1 Corintios 14:1). Si queremos hacer todo en amor, hagámoslo con amor (1 Corintios 16:14). Para estimular el amor en la iglesia, debemos actuar de manera que inspiremos amor en los demás. (Hebreos 10:24).

Hace más de cuarenta años que Hernán y Alicia, junto a otras familias comenzaron nuestra presente congregación. Por años, sirvieron en esta iglesia muy generosamente y su trabajo fue legendario. Visitaban a los enfermos en los hospitales, a los presos en las cárceles, a los ancianos en los geriátricos y a los misioneros en diferentes países. También enseñaban en los estudios bíblicos y dirigían nuestro programa de misiones. Por cuarenta años Hernán fue uno de nuestros ancianos. Casi todos en la iglesia visitaron su hogar y disfrutaron de su preciosa hospitalidad. Recién ahora, por un problema de salud, sus posibilidades para servir se vieron reducidas. Hernán y Alicia piensan que lo que ellos hicieron no era nada especial, simplemente hicieron lo que Dios mandaba: *"Que os améis unos a otros; como yo os he amado, que también os améis unos a otros"* (Juan 13:34). Las convicciones bíblicas y su amor por el Señor les motivaron a la obediencia y al amor en el servicio hasta que tuvieron ochenta años.

Si bien Cristo nos manda a amar como Él amó, no nos deja si ningún poder para cumplir esta tarea. Al contrario, Él con su gracia nos da la ayuda del Espíritu Santo, que da poder a nuestra vida. El Espíritu Santo, —que es Dios y es amor— produce en cada creyente la capacidad sobrenatural de amar como Cristo lo hizo.[58] R. S. Candlish en su comentario bíblico dice: "Tenemos ahora una facultad divina para amar; amamos con el amor que es de Dios; es decir, con su misma naturaleza".[59] El primer fruto que produce el Espíritu Santo en el creyente es el "amor" (Gálatas 5:22).

El amor de Dios que *"ha sido derramado en nuestros corazones por el Espíritu Santo que nos fue dado"* (Romanos 5:5) nos motiva a amar y obedecer con alegría sus mandamientos. De hecho, nosotros obedecemos sus mandatos porque lo amamos; Jesucristo dijo: *"Si me amáis, guardad mis mandamientos"* (Juan 14:15). Jesucristo está hablando de amar, de tener el deseo de obedecer con todo nuestro corazón, no de una obediencia forzada y sin gozo. Nos deleitamos en la obediencia porque estamos agradecidos por el amor tan grande que tuvo al sacrificarse por nosotros. Él nos rescató *"de la potestad de las tinieblas"* (Colosenses 1:13), del pecado, de la muerte y nos dio vida eterna. ¿Cómo no amarlo y obedecerle como respuesta a semejante amor?

Después de su resurrección, Jesucristo confrontó a Pedro, quien lo había negado tres veces. En la orilla del mar de Galilea, el Señor le preguntó tres veces: *"¿Me amas?"* (Juan 21:15-17).

Cada una de las respuestas afirmaron el amor de Pedro por Cristo: *"Sí Señor; tú sabes que te amo"*.

Cada vez que Pedro confesaba su amor, Jesucristo respondía encargándole el cuidado de su pueblo: *"Apacienta mis corderos...Pastorea mis ovejas...Apacienta mis ovejas"*.

La prueba de las confesiones de Pedro y la realidad de su amor se manifiesta en su obediencia al mandato de Cristo de pastorear sus ovejas. Como el libro de Los Hechos felizmente lo dice, Pedro, con el poder del Espíritu Santo, demostró su declaración de amor al dedicar toda su vida al cuidado del rebaño del Señor. ¡Que nuestra declaración de amor por Dios y nuestro prójimo esté respaldada por nuestra práctica genuina de amor cristiano! (Romanos 12:9-21).

Amor restablecido

Quizás nos preguntamos cómo la iglesia en Éfeso habrá respondido ante la carta de Cristo cuando fue leída en frente de toda la congregación. ¿Se habrán humillado ante Dios? ¿Habrán obedecido sus indicaciones? ¿O se habrán negado a creer la evaluación de Dios sobre su condición espiritual?

Encontramos la respuesta en una carta escrita en el siglo segundo por Ignacio, el obispo (***episcopos*** en Griego) de la iglesia de Antioquía, Siria. Ignacio estuvo arrestado por su fe y fue enviado por soldados a Roma para ser ejecutado aproximadamente entre los años 105-117 d.C. Mientras viajaba a Roma, escribió siete cartas que permanecen hasta la actualidad. Estas cartas están ubicadas tradicionalmente entre otros documentos conocidos como escritos de los Padres Apostólicos y una de estas cartas fue escrita a la iglesia en Éfeso.

Camino a Roma, los soldados que arrestaron a Ignacio pararon en la ciudad de Esmirna. Mientras tanto, la iglesia que estaba en Éfeso, situada a sesenta y cuatro kilómetros, enviaron una delegación de hermanos a animar y darle fuerzas a Ignacio que estaba a punto de enfrentar el martirio en Roma. Su visita fue tan edificante para Ignacio que escribió una carta agradeciéndoles su consideración y su cuidado. En esta carta los elogia por su amor, y se dirige a ellos como una iglesia "que se caracteriza por su fe y amor hacia Cristo Jesús nuestro Salvador".[60] Ignacio se regocijaba que ellos "no amaban a nada en este mundo más que a Dios".[61] También elogia a Onésimo, el sobreveedor de su iglesia, y lo llama "un hombre de inexpresable amor".[62] Ignacio sigue escribiendo que en los representantes que lo visitaron en Esmirna, él pudo ver el amor de toda la iglesia de Éfeso.[63]

Así que, al comienzo del siglo segundo, sabemos que la iglesia de los efesios estaba mucho más viva, seguían una sana doctrina y abundaban en amor. Los creyentes de Éfeso habían obedecido el llamado de Dios de acordarse, arrepentirse y volver a sus primeras obras. Como resultado, el amor de la iglesia fue restaurado. *"El que tiene oído"*, declara el Señor, *"oiga lo que el Espíritu dice a las iglesias"* (Apocalipsis 2:7).

Notas del Capítulo 6, Parte 2

55 John R. W. Stott, *"The Message of Thessalonians: The Gospel & the End of Time"*, BST (El mensaje a los Tesalonisenses: El evangelio y los últimos tiempos), [Downers Grove: InterVarsity, 1991), 30. Comentando la frase "obra de amor" en 1 Tesalonisenses 1:3, James Denny la llama *"laborioso,* característica de amor" *(The Epistles to the Thessalonians, The Expositor's Bible)* [New York: Eaton & Mains, n. d.], 29). Del ejemplo de labor de Pablo, Denny escribe: El amor establece a Pablo y establecerá a cada uno cuyo corazón *arde verdadera y continuamente para hacer el bien a los demás.* Pablo estaba dispuesto a gastar su vida y poner todo su esfuerzo, no importaba cuán pequeño fuera el resultado final. El trabajó con sus manos y su mente; trabajó con un corazón ardiente, resuelto y apasionado, y su mayor esfuerzo y labor lo puso en su intercesión continua delante de Dios. Todo este gran trabajo completaron su "obra de amor".

56 Éxodo 20:6; Deuteronomio 10:12-13; 11:1, 13, 22; 19:9; 30:16, 19-20; Juan 14:15, 21, 31; 15:10; 1 Juan 2:5; 5:3; 2 Juan 6.

57 Alexander Ross, *"The Epistles of James and John, NICNT"* (Las Epístolas de Santiago y Juan), [Grand Rapids: Eerdmans, 1954], 208.

58 Romanos 5:5; 15:30; Gálatas 5:22; también Deuteronomio 30:6.

59 R. S. Candlish, *"The First Epistle of John"*, 2d ed. (La Primera Epístola de Juan) 2da, edición, [1869; reprint, ed., Grand Rapids: Zondervan, n.d.], 422, 42360 Ignatius, To the Ephesians, 1.2 in The Apostolic Fathers, 3rd edition, Michael W. Holmes [Grand Rapids: Baker, 2007].

60 Ignatius, *To the Ephesians,* 1.2 (Ignacio a los Efesios)1.2, in *The Apostolic Fathers,* (Los padres apostólicos), Michel W. Holmes, 3ra. edición.

61 Ignatius, *To the Ephesians,* (Ignacio, a los Efesios), 9.2.

62 Ignatius, *To the Ephesians,* (Ignacio, a los Efesios) 1.3.

63 Ignatius, *To the Ephesians,* (Ignacio, a los Efesios) 2.1.

Parte 3

Guía de estudio

"Procura con diligencia presentarte a Dios aprobado, como obrero que no tiene de qué avergonzarse, que usa bien la palabra de verdad"
2 Timoteo 2:15

Lección 1

El problema del amor perdido, El elogio de Cristo y su reclamo y Cuando una iglesia pierde su amor

(Para el líder del estudio: las respuestas a las siguientes preguntas puede sacarlas en inglés del sitio web www.lewisandroth.org)

1. En Apocalipsis capítulos 2 y 3, Cristo hace su evaluación de las siete iglesias de Asia Menor. Escriba dos razones por las cuales esta evaluación tiene trascendencia para nosotros en la actualidad.

2. Con sus propias palabras, enumere brevemente las cualidades positivas con las que Cristo alaba a la iglesia en Éfeso. De todas esas cualidades, ¿cuál considera que es la más digna de reconocimiento? Explique.

3. Por más que tenía varios puntos a favor, la iglesia en Éfeso tenía un grave error. Con sus palabras, describa el problema. Sea lo más específico que pueda.

4. La iglesia de Éfeso había "dejado" su primer amor. ¿Qué factores piensa que podrían haber causado que esta iglesia tan disciplinada se olvidara de su primer amor?

5. Describa cómo estos seis capítulos sobre la importancia del amor han afectado su forma de pensar acerca del tema. ¿Cuál es el punto que le ha impactado más profundamente? Explique.

6. ¿Por qué la doctrina de la Trinidad es el fundamento de la doctrina del amor cristiano? Enumere la mayor cantidad de razones que pueda. (Ver nota 10, al pie de la página 27).

7. ¿A qué se refiere el autor cuando dice "la esencia de todos los mandamientos de Dios y de todo servicio religioso es el amor a Dios"? ¿Hay algún pasaje bíblico que pueda respaldar esta declaración?

8. ¿Qué enseña el pasaje en Lucas 10:25-37 acerca de *"amar a tu prójimo como a ti mismo"*? Enumere por lo menos dos principios que se enseñan en este pasaje.

9. A la luz de las enseñanzas del Antiguo Testamento de amar al prójimo (Deuteronomio 6:4-5; Levítico 19:18), ¿qué es "nuevo" en el "nuevo mandamiento" de Jesucristo (Juan 13:34-35)?

10. El pasaje de 1 Corintios 13:1-3 es considerado como uno de los mejores escritos de Pablo. ¿Cuál es el punto principal en este fragmento literario?

11. Trace dos columnas en una hoja de papel. A la izquierda, enumere las actitudes negativas que arruinan el espíritu cristiano o atmósfera de una iglesia. A la derecha, enumere la mayor cantidad posible de actitudes correctas y cualidades que enseña la Biblia. Si puede, afirme con textos de la Biblia sus respuestas.

Actitudes y cualidades erróneas — Actitudes y cualidades bíblicas correctas

   a. ¿Por qué es tan importante que una iglesia tenga una atmósfera como la que describe el Nuevo Testamento? Escriba dos razones.

   b. ¿Por qué las actitudes de orgullo acerca del conocimiento correcto y diferencias denominacionales pueden destruir el espíritu de amor de una iglesia?

12. A continuación encontrará una lista con pasos que lo ayudarán a desarrollar y mantener una relación de amor con Dios más profunda a través de Jesucristo. Lea los pasos detenidamente y comente cada uno hasta el final.

   (1) Entregase personalmente (con la ayuda del Espíritu Santo) para obedecer "el primer y gran mandamiento" de amar a Dios sin reservas y amar al Señor Jesucristo sobre todas las cosas. Deuteronomio 6:4-5; 13:3; Josué 23:11; Salmos

27:4; Mateo 10:37; 22:37-38; Marcos 12:28-34; Lucas 10:25-28; 14:26; Juan 21:15-17; Filipenses 1:21; 3:13-14).

(2) Leer, estudiar y meditar la Palabra de Dios, las Escrituras, para conocerlo como el Dios grande y verdadero (Deuteronomio 17:18-20). D. A. Carson no titubeó en decir:

"Pero dudo que sea posible obedecer su primer mandamiento sin leerlo constantemente en la Biblia". ¿Cómo podríamos amarlo con todo nuestro corazón y mente si no lo conocemos, si no sabemos lo que le agrada y lo que rechaza; lo que ha revelado, lo que ha dictado y lo que prohíbe? (D. A. Carson, *"Love in Hard Places"* (Amor en lugares difíciles), [Wheaton: Crossway, 2002], 32

(3) Comunicarse con Dios en oración regularmente: *"constantes en la oración"* (Romanos 12:12). Esto incluye confesión de pecado, alabanza, e intercesión por los otros.

(4) Vivir obedeciendo los mandamientos de Cristo: *"Pues este es el amor a Dios, que guardemos sus mandamientos; y sus mandamientos no son gravosos"* (1 Juan 5:3).

(5) No amar al mundo y sus ídolos: *"No améis al mundo, ni las cosas que están en el mundo. Si alguno ama al mundo, el amor del Padre no está en él"*

(1 Juan 2:15; Santiago 4:4).

(6) Amar y servir a los hermanos en la fe: *"Si alguno dice: Yo amo a Dios, y aborrece a su hermano, es mentiroso. Pues el que no ama a su hermano a quien ha visto, ¿cómo puede amar a Dios a quien no ha visto? Y nosotros tenemos este mandamiento de él: El que ama a Dios, ame también a su hermano"* (1 Juan 4:11-12, 20-21; Santiago 1:27).

(7) Adorarle a través del canto, de la alabanza, de la acción de gracias y el recordar su muerte y resurrección en la Cena del Señor al participar del pan y de la copa (1 Corintios 11:23-32; Apocalipsis 5:9-14).

    a. De estas siete maneras de profundizar su relación con Dios a través de Jesucristo, ¿Cuáles son las dos más difíciles de practicar? Explique por qué.

    b. ¿Cuáles son las dos que le ayudan más a mantener su relación con Cristo? Explique.

    c. ¿Cuáles de ellas necesitan su atención inmediata? Enumere pasos a seguir que puedan llevarlo a mejorar su relación con Cristo.

Lección 2

El remedio de Cristo y Estudie el amor

1. El autor afirma que "La religión externa puede traicioneramente reemplazar la verdadera fe interna y el amor del corazón". Dé un ejemplo (preferentemente de la experiencia en su propia iglesia) acerca de lo que el autor se refiere con esta declaración. Para ayuda vea Lucas 11:42 y Mateo 23:23-28.

2. ¿En qué forma es Apocalipsis 2:4 vitalmente importante al llamado de despertar a todas las iglesias?

3. ¿Por qué es difícil restablecer el amor perdido en una iglesia local? Enumere la mayor cantidad de razones posibles.

4. Jesucristo ordena a los efesios a "recordar de donde han caído" (Apocalipsis 2:5). ¿Cuál es el propósito de recordar de dónde han caído? ¿Qué bien trae como consecuencia?

5. En la página 33 el autor enumera cinco puntos explicando lo que el arrepentimiento ocasionaría en la iglesia en Éfeso. Lea cada uno de los puntos y haga breves comentarios del significado de cada uno para luego compartirlos con el grupo de estudio

bíblico. Como grupo traten cada punto específicamente, así podrán entender con claridad lo que quiere decir el arrepentirse de haber perdido el amor. Este ejercicio le ayudará a aprovechar a lo máximo el significado de la palabra arrepentimiento según el Nuevo Testamento. También, vuelva a leer en las páginas 32 y 33 la definición de arrepentimiento según D. A. Carson.

6. ¿Cuáles piensa que habrán sido esas "primeras obras" de amor que los efesios necesitaban revivir? Enumere la mayor cantidad posible. Sea específico y creativo con sus respuestas.

7. En los seis capítulos de la parte 2 del libro, el autor enumera seis sugerencias de cómo cultivar el amor, ¿Por qué el autor comienza con "Estudie el amor"?

8. Siguiendo cada uno de los versículos que se encuentran debajo, ¿qué responsabilidades tenemos en cultivar el amor? Siéntase libre en utilizar comentarios bíblicos como ayuda en la elaboración de las respuestas.

Juan 15:9-10
1 Corintios 14:1
Efesios 5:1-2
Hebreos 10:24
Judas 21

9. ¿Por qué necesitamos de la Biblia para entender el amor? Enumere la mayor cantidad de razones posibles.

10. Lea los pasajes bíblicos del amor en el Apéndice B y responda a las preguntas:

   a. ¿Qué texto del Antiguo Testamento le habló a usted más sobre el gran amor de Dios para su pueblo?

   b. En su opinión, qué texto del Antiguo Testamento revela mejor que Dios es amor?

   c. ¿Qué enseña Romanos 13:8 acerca de su obligación de amar?

   d. ¿Qué pasaje del Nuevo Testamento trae más consuelo a su vida cuando está pasando pruebas y tragedias? Explique su respuesta.

   e. ¿Qué texto del Nuevo Testamento eligiría como unoespecial para toda su vida? Explique por qué.

11. ¿Cómo animaría a otro creyente (miembro de su iglesia, de su familia, amigo o misionero) para que empezara a estudiar el amor?

Lección tres

Ore por amor y Enseñe el amor

1. ¿Por qué es necesario orar para que nuestro amor crezca como el de Cristo? Enumere la mayor cantidad de razones que pueda.

2. Antes de responder a esta pregunta pida a alguien del grupo que lea Efesios 3:14-19. ¿Por qué el autor enfatiza la importancia de entender el texto en Efesios 3:18-19 para que podamos crecer en amor?

3. Enumere la mayor cantidad de razones por las cuales los cristianos nunca deben dejar de crecer en el amor.

4. Maurice Roberts escribe, "Aun los mejores creyentes encuentran que su progreso (en amor) es lento y escaso". ¿Por qué cree usted que es difícil crecer en el amor por Dios y por el prójimo?

5. El autor dice: "Estas oraciones inspiradas por el Espíritu Santo (1 Tesalonicenses 3:12; Filipenses 1:9; Judas 2) son un modelo maravilloso de oraciones que podemos hacer por nosotros y por otros".
¿Cómo pondría estas oraciones de las Escrituras en sus propias palabras, rogando por usted mismo,

por su familia, la iglesia local y los misioneros? ¿Con qué palabras haría suya la oración de Efesios 3:18-19?

6. Luego de leer las quince descripciones del amor que se encuentran en 1 Corintios 13:4-7, ¿cuáles cree usted que son los dos puntos negativos más destructivos en las relaciones dentro de la iglesia local? Explique su elección.

7. De las quince cualidades del amor, piense en dos de las cuales usted debería ocuparse más para mejorar su amor y su carácter. Explique su elección.

8. ¿Por qué piensa que las relaciones familiares son las que nos prueban y nos ayudan más a practicar el amor como el de Cristo? Enumere por lo menos tres razones.

9. Para cultivar el amor es esencial que usted entienda lo que dice la Biblia en Hebreos 10:24-25. Busque estos versículos en su Biblia y responda a estas preguntas:

    a. ¿Qué significa la palabra "considerar"? ¿Cuáles son algunos de sus sinónimos? Para ayuda puede utilizar comentarios bíblicos o un diccionario.

    b. ¿Qué significa la palabra "estimular"? ¿Cuales son sus sinónimos?

    c. ¿Quién es el que debe "considerar"?

d. ¿Por qué dejar de congregarse y reunirse con los hermanos regularmente impide el crecimiento del amor?

e. ¿De qué manera la vida en comunión con los hermanos es un medio para ponernos a prueba y nos ayuda a crecer en el amor de Cristo?

f. Haga una lista de formas prácticas en la que se puede estimular a otros a crecer en amor.

10. Busque algunos versículos bíblicos claves que muestren que cada miembro de la iglesia y no sólo los líderes, son responsables de edificar la iglesia en amor (ver notas 32 a 34 en la página 71). ¿Qué pasaje es más convincente para usted? Explique su respuesta.

11. En qué manera el amor del cristiano es diferente al amor natural y humano que todas las personas sienten por sus familiares o amigos? ¿Por qué es tan importante entender esta diferencia?

12. ¿Por qué es necesario enseñar los principios de Dios acerca del amor para poder cambiar actitudes, comportamientos y obras de una iglesia?

Lección cuatro

Modele el amor y Proteja el amor

1. ¿Por qué Pablo sentía tan firmemente el deseo de ser un ejemplo del amor de Cristo para sus seguidores? (ver 1 Corintios 4:16-17; 11:1; Filipenses 3:1-18; 2 Tesalonicenses 3:7-10).

2. El rey David es un gran ejemplo del amor por Dios. ¿Qué hizo David específicamente para modelar su amor completo por Dios? Enumere los varios hechos de David que demostraron su amor a Dios.

3. ¿Qué hizo David que usted también puede hacer para demostrar que Dios es la prioridad en su vida y su ministerio? Sea específico en sus respuestas.

4. ¿Por qué las biografías de fieles cristianos pueden ser un desafío positivo para ayudarnos a crecer en amor? ¿Ha leído alguna vez una biografía que lo ha animado a tener más amor? Si es así, compártalo con su grupo.

5. ¿Por qué es tan importante para los líderes de la iglesia modelar el amor? Enumere las razones.

6. ¿Qué cosas específicas pueden hacer los líderes de

una iglesia para influenciar a los hermanos a crecer en amor?

7. ¿Cómo puede usted, ya sea que esté en una posición de líder o no, influenciar la atmósfera de amor de la iglesia? Sea específico.

8. ¿Por qué pueden los padres y abuelos, más que nadie, ser una gran influencia en sus hijos y nietos para que amen más a Dios y a las personas?

9. Jesucristo les dijo a sus discípulos: *"permaneced en mi amor"* (Juan 15:9-10). Prácticamente, ¿cómo podemos permanecer en el amor de Cristo? Asegúrese de leer detenidamente este pasaje en el libro de Juan antes de contestar la pregunta.

10. Antes de contestar las siguientes preguntas, pida a alguien del grupo que lea Lucas 10:38-42. ¿En qué manera a veces somos todos como Marta?

11. ¿Cuál en esta vida *"sólo una cosa es necesaria"*? ¿A qué se refiere con esto? y ¿cuál es la *"buena parte"* que no le será quitada a María?

12. ¿Cómo mostró María su amor por Cristo? Enumere la mayor cantidad de puntos posibles.

13. ¿Qué pasos prácticos usted puede tomar para combatir el "síndrome de Marta" (contra la sobreocupación y prioridades incorrectas)?

Lección cinco

Proteja el amor y Practique amor

1. Piense en algunos de los enemigos que se presentan en su vida y que le apartan de una relación de amor con Cristo, de los cuales debe tener cuidado en todo tiempo. ¿Puede pensar en algunos pasajes bíblicos que lo ayuden a identificar estos destructores del amor?

2. ¿Qué pasos prácticos puede seguir para proteger su relación de amor con Cristo? De estos pasos, ¿Cuál considera el más importante?

3. ¿A qué se refiere Oswald Chambers cuando dice que nosotros deberíamos ser "cuidadosamente descuidados con todo lo demás"?

4. ¿Qué es lo que más le desanima de amar a las personas como debería? ¿Qué puede hacer contra esto?

5. Si siente que su amor por los demás se está enfriando, ¿qué acciones puede tomar para encender la llama del amor por el prójimo?

6. ¿Por qué Jerry Bridges dice que debemos: "predicarnos el evangelio a nosotros mismos cada día"? ¿Cómo podría usted beneficiarse al hacer esto? (ver nota 53 en la página 93).

7. ¿Qué problemas podemos crear en la iglesia si hablamos del amor y no practicamos los mandamientos bíblicos del amor? Enumere la mayor cantidad de problemas que pueda.

8. ¿A qué se refiere James Denny cuando asocia la laboriosidad con una "característica de amor"? (ver nota 55 en la página 101).

9. Antes de responder a esta pregunta lea Romanos 12:9-21. Usando estos versículos, enumere cinco actos o actitudes de amor sincero y genuino. ¿Cuáles piensa que son los dos más necesitados en su iglesia para que crezca en amor y en cuidado fraternal?

10. ¿Qué quiere decir Alexander Ross con esta declaración: "El amor no es una emoción que tenemos que manifestar sólo en alguna ocasión o cuando nos sentimos inclinados a hacerlo"?

11. Explique cómo la obediencia a los mandamientos de Cristo de amar, lleva a un crecimiento real del amor. Y explique cómo la desobediencia a los mandamientos de Cristo de amar lleva a una corrosión del amor.

12. Explique brevemente cada uno de estos versículos y encuentre una idea común que hace posible obedecer los mandamientos de amor como el de Cristo.

Romanos 5:5

Romanos 15:30

Gálatas 5:22

13. ¿Qué le diría a una persona que usa este libro *"Ama o Muere"* para criticar y acusar a otros cristianos por no tener amor?

Apéndice A

Otros libros sobre el tema del amor por Alexander Strauch

Leer libros acerca del amor bíblico será de ayuda para incentivar a la comunidad cristiana y preparar a los líderes para una vida de más amor. Se recomienda que los libros mencionados a continuación sean considerados como una unidad.

"Si os Mordéis y os Coméis Unos a Otros: Principios bíblicos para solucionar conflictos" (Gálatas 5:15). Los problemas en las iglesias son una persistente realidad que se conoce muy bien. Este libro bosqueja los principios escriturales claves que ayudan a resolver los diferentes conflictos entre los cristianos, como disputas personales o prácticas congregacionales.

"Cómo ser un líder con impacto: Lecciones tomadas del liderazgo y vida espiritual de R. C. Chapman", fue escrito para mostrar un modelo del amor fundamental que el Nuevo Testamento nos llama a imitar. Este libro pequeño presenta ejemplos de cómo Robert Chapman pudo manejar situaciones difíciles de la vida de acuerdo con los principios básicos del amor. Para una biografía completa, lea "Robert Chapman: Su biografía escrita por Robert L. Peterson".

"Liderando con amor, una guía de estudio para el líder cristiano", presenta y aplica los principios bíblicos del amor. Muy provechoso para el líder cristiano y para quien tiene interés en ayudar a las personas. Tiene también una guía de estudio disponible.

"La hospitalidad, un mandato ineludible. Cómo edificar una comunidad cristiana que ama y construir puentes con amigos y vecinos". La hospitalidad es una de las formas más poderosas de fomentar el amor en la comunidad cristiana y es uno de los mandamientos bíblicos sobre el amor. Este libro está íntimamente relacionado con el libro *"Liderando con amor"* y la guía de estudio del mismo.

"El diácono del Nuevo Testamento" es un libro para ayudar a los diáconos a entender su posición oficial como ministros de benevolencia, misericordia y preocupación por los miembros de la iglesia. Una congregación que ama, toma muy en serio el cuidado de los creyentes vulnerables y necesitados. Leer este libro podría inspirarle a desear servir como diácono. La guía de estudio también está disponible.

Apéndice B

Cincuenta versículos bíblicos sobre el amor

Lea y medite pausadamente cada uno de estos cincuenta textos de las Escrituras. Si desea, puede buscarlos y leerlos en su Biblia para poder leerlos en su contexto completo. ¡No lo haga apresuradamente! Diga junto con el salmista *¡Oh, cuánto amo yo tu ley! Todo el día es ella mi meditación* (Salmos 119:97).

1. *Pasando delante de él, proclamó: El Señor, el Señor, Dios clemente y compasivo, lento para la ira y grande en amor y fidelidad* (Éxodo 34:6 NVI).

2. *No te vengarás, ni guardarás rencor a los hijos de tu pueblo, sino amarás a tu prójimo como a ti mismo. Yo Jehová* (Levítico 19:18).

3. *Y amarás a Jehová tu Dios de todo tu corazón, y de toda tu alma, y con todas tus fuerzas* (Deuteronomio 6:5).

4. *No por ser vosotros más que todos los pueblos os ha querido Jehová y os ha escogido, pues vosotros erais el más insignificante de todos los pueblos; sino por cuanto Jehová os amó, y quiso guardar el juramento que juró a vuestros padres* (Deuteronomio 7:7-8).

5. *Solamente de tus padres se agradó Jehová para amarlos, y escogió su descendencia después de ellos, a vosotros, de entre todos los pueblos, como en este día* (Deuteronomio 10:15)

6. *Pero yo confío en tu gran amor; mi corazón se alegra en tu salvación.* (Salmos 13:5 NVI).

7. *¡Aleluya! ¡Alabado sea el Señor! Den gracias al Señor, porque él es bueno; su gran amor perdura para siempre* (Salmos 106:1 NVI).

8. *En toda angustia de ellos él fue angustiado, y el ángel de su faz los salvó; en su amor y en su clemencia los redimió, y los trajo, y los levantó todos los días de la antigüedad* (Isaías 63:9).

9. *Jehová se manifestó a mí hace ya mucho tiempo, diciendo: Con amor eterno te he amado; por tanto, te prolongué mi misericordia* (Jeremías 31:3).

10. *Me dijo otra vez Jehová [Oseas]: Ve, ama a una mujer amada de su compañero, [Gomer] aunque adúltera, como el amor de Jehová para con los hijos de Israel, los cuales miran a dioses ajenos, y aman tortas de pasas* (Oseas 3:1).

11. *Yo sanaré su rebelión, los amaré de pura gracia; porque mi ira se apartó de ellos* (Oseas 14:4).

12. *Pero yo os digo: Amad a vuestros enemigos, bendecid a los que os maldicen, haced bien a los que os aborrecen, y orad por los que os ultrajan y os persiguen* (Mateo 5:44).

13. *Jesús le dijo: Amarás al Señor tu Dios con todo tu corazón, y con toda tu alma, y con toda tu mente. Este es el primero y grande mandamiento. Y el segundo es semejante: Amarás a tu prójimo como a ti mismo. De estos dos mandamientos depende toda la ley y los profetas* (Mateo 22:37-40).

14. *Porque de tal manera amó Dios al mundo, que ha dado a su Hijo unigénito, para que todo aquel que en él cree, no se pierda, mas tenga vida eterna* (Juan 3:16).

15. *El Padre ama al Hijo, y todas las cosas ha entregado en su mano* (Juan 3:35).

16. *Si me amáis, guardad mis mandamientos* (Juan 14:15).

17. *Mas para que el mundo conozca que amo al Padre, y como el Padre me mandó, así hago* (Juan 14:31a).

18. *Como el Padre me ha amado, así también yo os he amado; permaneced en mi amor* (Juan 1 5:9).

19. *Si guardareis mis mandamientos, permaneceréis en mi amor; así como yo he guardado los mandamientos de mi Padre, y permanezco en su amor* (Juan 15:10).

20. *¿Quién nos separará del amor de Cristo? ¿Tribulación, o angustia, o persecución, o hambre, o desnudez, o peligro, o espada?, ni lo alto, ni lo profundo, ni ninguna otra cosa creada nos podrá separar del amor de Dios, que es en Cristo Jesús Señor nuestro.* (Romanos 8:35, 39).

21. *El amor sea sin fingimiento. Aborreced lo malo, seguid lo bueno* (Romanos 12:9).

22. *No debáis a nadie nada, sino el amaros unos a otros; porque el que ama al prójimo, ha cumplido la ley* (Romanos 13:8).

23. *El amor no hace mal al prójimo; así que el cumplimiento de la ley es el amor.* (Romanos 13:10).

24. *El conocimiento envanece, pero el amor edifica* (1 Corintios 8:1b).

25. *Procurad, pues, los dones mejores. Mas yo os muestro un camino aun más excelente [amor]* (1 Corintios 12:31).

26. *Y si tuviese profecía, y entendiese todos los misterios y toda ciencia, y si tuviese toda la fe, de tal manera que trasladase los montes, y no tengo amor, nada soy* (1 Corintios 13:2).

27. *Y ahora permanecen la fe, la esperanza y el amor, estos tres; pero el mayor de ellos es el amor* (1 Corintios 13:13).

28. *Seguid el amor* (1 Corintios 14:1a).

29. *Todas vuestras cosas sean hechas con amor* (1 Corintios 16:14).

30. *Porque el amor de Cristo nos constriñe, pensando esto: que si uno murió por todos, luego todos murieron* (2 Corintios 5:14).

31. *Mas el fruto del Espíritu es amor, gozo, paz, paciencia, benignidad, bondad, fe* (Gálatas 5:22).

32. *Pero Dios, que es rico en misericordia, por su gran amor con que nos amó, aun estando nosotros muertos en pecados, nos dio vida juntamente con Cristo (por gracia sois salvos)* (Efesios 2:4-5).

33. *Y de conocer el amor de Cristo, que excede a todo conocimiento, para que seáis llenos de toda la plenitud de Dios* (Efesios 3:19).

34. *Y andad en amor, como también Cristo nos amó, y se entregó a sí mismo por nosotros, ofrenda y sacrificio a Dios en olor fragante* (Efesios 5:2).

35. *Y esto pido en oración, que vuestro amor abunde aun más y más en ciencia y en todo conocimiento* (Filipenses 1:9).

36. *Y sobre todas estas cosas vestíos de amor, que es el vínculo perfecto* (Colosenses 3:14).

37. *Y el Señor os haga crecer y abundar en amor unos para con otros y para con todos, como también lo hacemos nosotros para con vosotros* (1 Tesalonicenses 3:12).

38. *Pues el propósito de este mandamiento es el amor nacido de corazón limpio, y de buena conciencia, y de fe no fingida* (1 Timoteo 1:5).

39. *Y considerémonos unos a otros para estimularnos al amor y a las buenas obras* (Hebreos 10:24).

40. *Habiendo purificado vuestras almas por la obediencia a la verdad, mediante el Espíritu, para el amor fraternal no fingido, amaos unos a otros entrañablemente, de corazón puro* (1 Pedro 1:22).

41. *Y ante todo, tened entre vosotros ferviente amor; porque el amor cubrirá multitud de pecados* (1 Pedro 4:8).

42. *Nosotros sabemos que hemos pasado de muerte a vida, en que amamos a los hermanos. El que no ama a su hermano, permanece en muerte* (1 Juan 3:14).

43. *En esto hemos conocido el amor, en que él puso su vida por nosotros; también nosotros debemos poner nuestras vidas por los hermanos* (1 Juan 3:16).

44. *Hijitos míos, no amemos de palabra ni de lengua, sino de hecho y en verdad* (1 Juan 3:18).

45. *Amados, amémonos unos a otros; porque el amor es de Dios. Todo aquel que ama, es nacido de Dios, y conoce a Dios* (1 Juan 4:7).

46. *El que no ama, no ha conocido a Dios; porque Dios es amor* (1 Juan 4:8).

47. *En esto consiste el amor: no en que nosotros hayamos amado a Dios, sino en que él nos amó a nosotros, y envió a su Hijo en propiciación por nuestros pecados* (1 Juan 4:10).

48. *Nosotros le amamos a él, porque él nos amó primero* (1 Juan 4:19).

49. *Conservaos en el amor de Dios, esperando la misericordia de nuestro Señor Jesucristo para vida eterna* (Judas 1:21).

50. *Jesucristo el testigo fiel, el primogénito de los muertos, y el soberano de los reyes de la tierra. Al que nos amó, y nos lavó de nuestros pecados con su sangre* (Apocalipsis 1:5).

Índice de pasajes bíblicos

Éxodo
10:2
12:26-27
13:8-10
20:6
34:6

Levítico
19:18

Deuteronomio
4:9
6:4-5
6:5
6:7, 20-25
7:7-8
8:3
10:12-13
10:15
11:1, 13, 22
13:3
17:18-20

Deuteronomio, continuación
19:9
30:6
30:16, 19-20

Josué
23:11

2 Samuel
5:1-5
5:6-9
6:1-15
6:13-14

1 Crónicas
13:1-6
13:3
15-16 53
15:16
15:27-28

Salmos
13:5
27:4

Salmos, continuación
106:1
59:16
78:5-8
89:1
100:2
106:1
110:97
119:97

Isaías
6:5
63:9

Jeremías
31:3

Oseas
3:1
14:4

Mateo
3:8
5:43
5:43-48
5:44
5:46-47
6:24
7:12
10:37
10:37-38

Mateo, continuación
22:34-40
22:37-38
22:37-40
22:39
22:40
23:23-28

Marcos
12:28-34
12:29-31
12:31
12:33-34

Lucas
6:27-36
6:32
10:25-28
10:25-37
10:25-42
10:27
10:38-42
10:39-40
10:40
10:41-42
11:42
14:26
24:27, 44

Juan
1-12
3:16
3:35
5:39, 46
13-17
13:15
13:34
13:34-35
14:15
14:15, 21, 31
14:21
14:31
15:9
15:9-10
15:10
17
17:24
17:26
21:15-17

Hechos
6:1-7
10:38
17:11

Romanos
5:5
7:24

Romanos, continuación
8:34
8:35-39
12:6-8
12:9
12:9, 12
12:9-21
12:12
13:8
13:8-10
13:10
14:15
15:14
15:30

1 Corintios
4:6, 16-17
4:16-17
7:7
8:1
11:1
11:23-32
11:31-32
12:1-31
12:25
12:31
12:31-13:3
12:31-13:13

1 Corintios, continuación
13
13:1-3
13:2
13:4
13:4-7
13:6
13:13
14:1
14:1-40
16:14

2 Corintios
5:14
6:14-7:1
7:8-10
7:8-12
7:10-11
11:2-4

Gálatas
4:12
5:13
5:15
5:22

Efesios
2:4
3:14-19

Efesios, continuación
3:18-19
3:19
4:7-16
4:16
5:1-2
5:1-2, 25
5:2
5:18 2
5:25
5:25-33

Filipenses
1:9
1:21
3:1-18
3:13-14
3:17
4:9

Colosenses
1:13
3:14
3:16
3:19

1 Tesalonicenses
1:3
1:6
1:7
3:12
4:9
4:10
4:18
5:11

2 Tesalonicenses
1:3
3:6-9
3:7-10

1 Timoteo
1:5
3:15
4:12
5:10

2 Timoteo
1:5
3:10
3:15
4:10

Tito
2:4

Hebreos
3:13
4:16
7:25
10:19
10:24
10:24-25
10:25
11

Santiago
1:22-25
1:27
2:26
4:4
5:16

1 Pedro
1:22
4:8
4:10
4:10-11

1 Juan
2:1
2:5
2:15
3:11-18

1 Juan, continuación
3:14
3:16
3:16-18
3:18
4:7
4:7-8
4:7-5:3
4:8
4:8, 16
4:10
4:11, 19
4:11-12, 20
4:16
4:19
4:20-21
5:3

2 Juan
6

Judas
1
2
21

Apocalipsis
1:5
1:14
2:1-6
2:2
2:3
2:4
2:5
2:6
2:7
5:9-14

Apéndice de palabras griegas para *amor* en la Biblia

La mayoría de los cristianos están familiarizados con el sustantivo griego para amor, *ágape*, pero no tan familiarizados con las otras palabras para amor que se encuentran tanto en el Antiguo como en el Nuevo Testamento en griego. Esta breve vista general se incluye aquí para proveer un entendimiento más pleno de las palabras griegas para amor, y para corregir las ideas equivocadas al respecto.

Palabras griegas para *amor* en la Septuaginta

El Antiguo Testamento fue escrito en Hebreo, con unas cuantas porciones en Arameo.[1] Pero entre 250 a.C. y 150 a.C. las Escrituras hebreas fueron traducidas al griego Koiné. Esta traducción griega es llamada Septuaginta y a menudo es abreviada por los números romanos LXX, que significan setenta. La Septuaginta, como la tenemos ahora, comprende tanto las Escrituras hebreas divinamente inspiradas (nuestro Antiguo Testamento Canónico, y la Apócrifa[2] (libros no inspirados, pero no obstante obras históricas importantes).

Los escritores del Nuevo Testamento y los primeros cristianos leyeron y estaban más familiarizados con el Antiguo Testamento en griego (la Septuaginta). Los escritores del Nuevo Testamento regularmente citaban del mismo. J. Julius Scott declara: "El ochenta por ciento de las citas del Nuevo Testamento son tomadas de la Septuaginta".[3] El continua diciendo que "la Septuaginta se volvió la Biblia de la iglesia primitiva".[4]

En la Septuaginta, el verbo griego predominante para amor, *agapaó*, aparece 271 veces.[5] Por lo tanto, *agapaó* no era una nueva palabra inventada por los escritores del Nuevo Testamento. En realidad, ella no sólo es la palabra dominante para amor en la Septuaginta, sino que en el primer siglo d.C. se había vuelto la palabra común y corriente para amor usada entre las personas que hablaban griego.

En la Septuaginta *agapaó* es usada para todas las clases de expresiones de amor incluyendo, y más significativamente, el amor de Dios por su pueblo y amor de ellos por él. Este uso de la palabra en la Septuaginta hizo de *agapaó* una palabra adecuada para los escritores del Nuevo Testamento para ser usada en expresiones del amor de Dios, amor para Dios, y amor entre los miembros de la familia de Dios.

El otro verbo griego importante para amor en la Septuaginta es *phileo*. Aunque era el verbo más predominante para amor en el idioma griego clásico, es usado sólo treinta y dos veces en la Septuaginta (escrita en griego Koiné), y mayormente con referencia a besar. En unas cuantas ocasiones es usado intercambiablemente con *agapaó*. *Phileo* nunca es usado en la Septuaginta para el amor de Dios por su pueblo o el amor de ellos por Dios. Su forma sustantiva, *philia*, puede denotar amor, pero más a menudo es usada en la Septuaginta para amistad.

El sustantivo para amor, *ágape*, con el cual estamos más familiarizados hoy debido a su frecuente uso en el Nuevo Testamento, aparece en la Septuaginta sólo diecinueve veces. Once de estos usos de *ágape* aparecen en Cantar de los Cantares. A continuación, damos unos cuantos ejemplos de *ágape* en el Antiguo Testamento Canónico. En todos ellos *ágape* es usado en referencia al amor sexual:

• "Luego la aborreció Amnon (a Tamar) con tan grande aborrecimiento, que el odio con que la aborreció fue mayor que el amor (*ágape*) con que la había amado (*agapaó*) (2 Samuel 13:15).

- Me llevó a la casa del banquete, y su bandera sobre mí fue amor (Cantar de los Cantares 2:4).
- Porque fuerte como la muerte es el amor (Cantar de los Cantares 8:6).
- Las muchas aguas no podrán apagar el amor... Si diese el hombre todos los bienes de su casa por ese amor, de cierto lo menospreciarían (Cantar de los Cantares 8:7).

En la Apócrifa *ágape* se usa para amor por sabiduría que conduce a Dios, amor por Dios, y posiblemente también el amor de Dios por su pueblo.

- Y amor por ella (sabiduría) es el guardar sus leyes, y prestar atención a sus leyes es seguridad de inmortalidad, y la inmortalidad acerca a uno a Dios (Sabiduría de Salomón 6:18-19).
- Los que confían en él entenderán la verdad, y los hermosos morarán con él en amor (en el amor de ellos por Dios o en el amor de Dios por ellos) (Sabiduría de Salomón 3:9).
- Bienaventurados son los que vieron (a Dios), y los que han sido adornados en amor (amor humano o amor de Dios); puesto que nosotros seguramente viviremos (Eccle. o Sir. 48:11).

El adjetivo *agapétos*, el cual es la palabra griega para "amado", aparece veinticuatro veces en la Septuaginta; el sustantivo *agapésis*, "amor", trece veces. Esta palabra no se usa en el Nuevo Testamento. Por lo tanto las palabras del grupo de palabras *agapaó* aparece 327 veces en la Septuaginta.

Palabras griegas para *amor* en el Nuevo Testamento

Las palabras griegas *agapaó*, *ágape* y *agapétos* —el principal grupo de palabras usado para expresar amor cristiano— aparece un total de 320 veces en el Nuevo Testamento. El verbo *agapaó* aparece 143 veces. Su uso religioso y teológico en la Septuaginta lo hizo una elección natural para los escritores del Nuevo Testamento. Las enseñanzas de Cristo sobre amor y su ejemplo extraordinario de amor, además, le dio a la palabra un significado nuevo.

En la literatura griega no bíblica, antes del segundo y tercer siglos d.C. el sustantivo *ágape* aparece raras veces, si es que aparece. En la Septuaginta el sustantivo *ágape* aparece diecinueve veces, principalmente con referencia al amor físico, sensual, y posiblemente una o dos veces en referencia al amor de Dios por su pueblo. En contraste, *ágape* aparece 116 veces en el Nuevo Testamento, más frecuentemente usado por Pablo (setenta y cinco veces) y Juan (treinta veces). Los primeros escritores cristianos hicieron de este sustantivo escasamente usado para amor (*ágape*) el término común para expresar el amor de Dios y de Cristo, así como también el amor humano. Por supuesto, la relación obvia de *ágape* a su forma verbal *agapaó* ayudó en esta elección, y otros sustantivos griegos para amor simplemente no eran adecuados. *Por lo tanto, los primeros cristianos usaron el sustantivo ágape y lo llenaron con su rico concepto de amor según se revela en la enseñanza y cruz de Cristo. Esto le dio a la palabra su significado cristiano distintivo y destacado.*

El adjetivo griego *agapétos* es la palabra para "amado", o uno que es amado. En el Nuevo Testamento *agapétos* se usa sesenta y una veces, veintisiete de ellas por Pablo. Jesucristo es llamado el "Hijo amado" y los creyentes son "amados" de Dios (Romanos 1:7). Asimismo, los creyentes a menudo se refieren unos a otros como "amados" enfatizando la relación íntima de familia cariñosa que existe entre ellos.

Además del verbo *agapaó* hay otro verbo para amor, *phileo*. *Phileo* es la segunda palabra más frecuentemente usada para amor en el Nuevo Testamento (veinticinco veces), usada mayormente por Juan en su evangelio. A pesar de las distinciones entre *agapaó* y *phileo*, dependiendo del contexto, los verbos son a veces usados intercambiablemente sin diferencia aparente.[6] *Phileo* así como *agapaó* pueden ser usados en referencia a diferentes clases de amor. *Phileo* es usado para el acto de besar, amor entre amigos, el amor del Padre por el Hijo (Juan 5:20), y nuestro amor por Jesucristo (1 Corintios 16:22). Pero claramente *agapaó* es la palabra predominante para amor en el Nuevo Testamento, especialmente con referencia al amor de Dios que hace posible que nos amemos unos a otros.

Finalmente, el Nuevo Testamento usa la palabra griega compuesta *Philadelfia*, "amor fraternal", un término familiar, para describir la calidad del amor que une a los cristianos.[7] Esta clase de amor es un amor familiar íntimo y duradero. Los primeros cristianos entendían que ellos mismos eran una verdadera familia de hermanos y hermanas en Cristo. En cuanto a la importancia crucial de este tipo de amor en la iglesia James Moffatt comenta que "ninguna iglesia tiene perspectiva alguna de estabilidad o posibilidad de existencia a la vista de Dios si descuida el amor fraternal".[8]

Notas

1. Esdras 4:8-6:18; 7:12-26; Daniel 2:4-7:28; Jeremías 10:11.

2. Los libros apócrifos fueron escritos entre el cierre de la era del Antiguo Testamento y el nacimiento de Cristo. No formaban parte del canon de las Escrituras hebreas. Los principales libros son: 1 y 2 Esdras, Judit, Tobit, 1 a 4 Macabeos, Odas, Sabiduría de Salomón, Siríaco, Salmos de Salomón, Baruc, Epístola de Jeremías, Susanna y Bel y el Dragón.

3. J. Julius Scott Jr., *"Jewish Backgrounds of the New Testament"* (El transfondo judío del Nuevo Testamento), Grand Rapids, MI: Baker, 1995, 135.

4. Ibid., 136.

5. Cifras de Accordance Bible Software: Oak Tree Software, 498 Palm Springs Drive, Suite 100, Altamonte Springs, FL 32701. Prop. Lit. © 2004. http://www.OakSoft.Com; 877-399-5855.

6. Ver W. Günther and H.-G. Link, "*Love*" (Amor), en *The New International Dictionary of New Testament Theology*, 2:538, 542.

7. El sustantivo *filadelfia*, "amor fraternal", aparece en Romanos 12:10; 1 Tesalonicenses 4:9; Hebreos 13:1; 1 Pedro 1:22; 2 Pedro 1:7. El adjetivo *filadelfos,* aparece en 1 Pedro 3:8.

8. James Moffatt, "*Love in the New Testament*" (Amor en el Nuevo Testamento), Londres: Hodder and Stoughton, 1929, 244.

www.ingramcontent.com/pod-product-compliance
Lightning Source LLC
Chambersburg PA
CBHW061327040426
42444CB00011B/2808